김태웅 · 장영봉

제3판

MANAGEMENT MATHEMATICS

경영수학의 이해
해답

신영사

머리말

경영수학은 경영 및 인접 경제분야에서 발생하는 다양한 현상을 설명하기 위해 필요한 수학적인 분석 및 접근방법에 관한 것을 주된 내용으로 다루고 있다. 따라서 본서는 기 정립된 수학의 기초이론을 이해하고 이를 다양한 의사결정문제에 적용하여 그 결과를 분석하는 과정에 초점을 두었다.

물론 기업경영에서 수학적인 기법을 통해 도출된 최적해가 그대로 경영현장에 적용되는 경우는 그리 많지 않다. 수학적으로 잘 정의된 틀 안에서 복잡한 기업경영과 관리상의 문제를 완벽하게 표현하는 것이 쉽지 않기 때문이다. 그러나 주어진 문제를 수학적 기법 또는 모형의 식별 및 적용을 통해 해결할 수 있다면, 경영학 혹은 경제학을 전공하는 학생들이 경영현장에서 발생하는 제반 현상을 수학적인 틀 안에서 보다 효과적으로 이해할 수 있을 것으로 기대한다.

경영수학의 학습목표가 모형의 적용을 통한 문제해결에만 있는 것은 아니다. 경영수학에서 소개되는 다양한 수학적 모형을 적용하기 위해서는 적용대상이 되는 문제나 사례의 구조와 범위를 설정해야 한다. 현실문제 전부를 수학적인 모형으로 나타낼 수 없으므로 의사결정에 주된 영향을 미친다고 생각되는 요소들을 식별하고 구체적으로 분석하고자 하는 문제의 제약조건, 가정, 목적들까지 명확하게 밝혀내야 한다. 바로 이러한 요소들을 추출하고 분석하는 과정, 그리고 이를 통한 경영/경제 현상에 대한 깊은 이해를 도모하는 것이 경영수학을 학습하는 목표라고 할 수 있다.

본서는 다양한 배경을 가진 독자들을 대상으로 설계되었다. 경영학과 경제학에 대한 지식이 풍부한 독자들에게는 수학적인 개념을 응용하는 방법을 보다 깊이 있게 이해할 수 있도록 하고, 경영/경제 관련분야에 대한 선행지식이 적은 독자들은 제반 사회현상들이 어떻게 수학적 개념들과 연결되는지에 대한 이해를 높일 수 있을 것으로 기대한다.

아울러, 본서는 엄밀한 수학적 정의와 복잡한 증명보다는 다양한 수학적 모델이 경영관련 의사결정문제에 어떻게 적용되고 활용될 수 있는지에 주된 관심을 두었다. 이에 논리적 사고의 흐름에 영향을 주지 않는 범위 내에서 일부 정리는 복잡한 증명 없이 제시되었다. 이러한 맥락에서 반복적 연습을 통한 공학적 계산능력 함양을 목표로 하는 미적분학 연습 교과서와 차별되고, 엄밀한 이론적 증명과 전개를 주된 내용으로 하는 수학이론 교과서와 구별된다. 부연하자면, 수학적 엄밀함에만 초점을 맞춘 서적은 현실적인 경영의사문제의 해결과정에 대한 지식함양과 동떨어져 있어 독자들의 흥미를 끌지 못하고 있다. 본서에서는 경영 및 경제분야에서 발생하는 다양한 문제를 제시하고, 이를 기 정립된 탄탄한 수학적 이론과 정리로 어떻게 해결해 나갈지에 대한 방향을 제시해 줄 것이다. 또한 연습문제의 해답을 별책으로 출간하여 정답을 확인해 볼 수 있도록 하였다. 모쪼록 독자들의 전공분야 학문연구에 이 책이 조금이라도 도움이 되기를 바라는 바이다.

마지막으로 본서의 출판에 도움을 주신 신영사 임직원과 편집부 모두의 노고에 감사의 뜻을 보낸다.

2024년 7월 저자 일동

차 례

제 1 장 서 설

〈문제 없음〉

제 2 장 함수론

1. (a) 실수 전체의 집합인 R

(b) 실수 전체의 집합인 R

(c) $[4,\ \infty)$

(d) 실수 전체의 집합인 R

(e) $\{x \mid x \in R,\ x \geq 1\} = [1,\ \infty)$

(f) 3을 제외한 모든 실수의 집합

(g) $\{x \mid x \in R,\ x \neq 1,\ x \neq 4\}$

(h) $(4,\ \infty)$

2. (a) 정의역 $= \{x \mid x \in R\}$

치 역 $= \{y \mid y \in R,\ y \geq 1\}$

(b) 정의역 $= \{x \mid x \in R,\ x \geq 2\}$

치 역 $= \{y \mid y \in R,\ y > 0\}$

(c) 정의역 $= \{x \mid x \in R,\ x \neq 0\}$

치 역 $= \{y \mid y \in R,\ y > 0\}$

(d) 정의역 $= \{x \mid x \in R,\ x \leq 2,\ x \neq 0\}$

치 역 $= \left\{y \mid y \in R,\ y \geq \frac{1}{4}\right\}$

3. (a) 수요(D), 공급량(S)

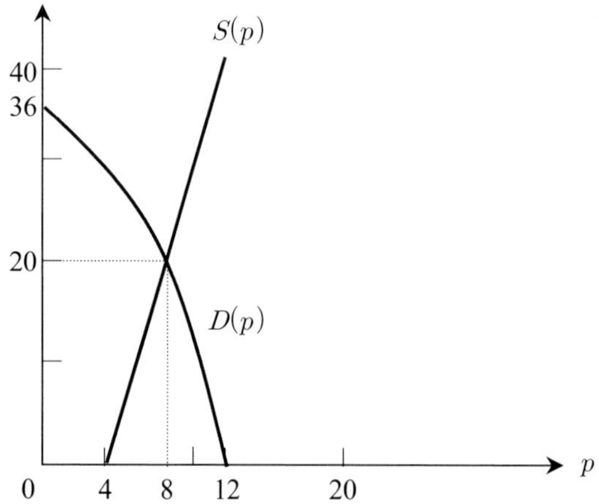

시장의 균형조건 $D(p) = S(p)$에서 $36 - \frac{p^2}{4} = 5p - 20$이 성립하며 이 조건을 만족하는 균형가격인 p값을 구하면 8과 -28이지만 가격은 0보다 커야 하므로 $p^* = 8$이 된다. 참고로 $p^* = 8$일 때의 균형수급량은 (5)(8)$-$(20)$=$20이 된다.

(b) 수요함수의 경우 수요량이 0보다 크거나 같도록 함수를 재정의하면

$$D(p) = \begin{cases} 0 & (p > 12) \\ 36 - \frac{p^2}{4} & (0 \le p \le 12) \end{cases}$$

가 되므로 정의역은 0보다 크거나 같은 모든 실수의 집합이 되며, 치역은 $\{D(p) \mid 0 \le D(p) \le 36\}$이 된다.

마찬가지로 공급함수도 공급량이 음수가 되지 않도록 재정의하면

$$S(p) = \begin{cases} 0 & (0 \le p < 4) \\ 5p - 20 & (p \ge 4) \end{cases}$$

가 되므로 정의역과 치역은 모두 0보다 크거나 같은 모든 실수의 집합이 된다.

4. (a) $D(p) = \begin{cases} 25 - p^2 & (0 \le p \le 5) \\ 0 & (p > 5) \end{cases}$

$S(p) = \begin{cases} 2p + 1 & (p \ge 0) \\ 0 & (p < 0) \end{cases}$

(b) $25-p^2=2p+1 \Rightarrow p^*=4,\ D(p^*)=S(p^*)=9$

5. (a) $(f+g)(x)=x+4$

$(f-g)(x)=5x-8$

$(fg)(x)=-6x^2+22x-12$

$(f/g)(x)=(3x-2)/(6-2x)$

$(2f)(x)=6x-4$

(b) $(f+g)(x)=x^2-2x+\frac{1}{2}$

$(f-g)(x)=x^2-4x-\frac{1}{2}$

$(fg)(x)=(x^2-3x)\left(x+\frac{1}{2}\right)=x^3-\frac{5}{2}x^2-\frac{3}{2}x$

$(f/g)(x)=(x^2-3x)/\left(x+\frac{1}{2}\right)$

$(2f)(x)=2x^2-6x$

(c) $(f+g)(x)=(2x+1)/(x^2-x)$

$(f-g)(x)=(4x-1)/(x^2-x)$

$(fg)(x)=(-3)/(x^2-x)$

$(f/g)(x)=(-3x)/(x-1)$

$(2f)(x)=6/(x-1)$

6. (a) $g(2)=4-(4)(2)+3=-1$이므로

$(f\circ g)(2)=f(g(2))=f(-1)=-1$이 된다.

(b) $f(2)=\frac{1}{2}$이므로

$(g\circ f)(2)=g\left(\frac{1}{2}\right)=\left(\frac{1}{2}\right)^2-2+3=\frac{5}{4}$

(c) $(f\circ g)(x)=f(g(x))=\dfrac{1}{x^2-4x+3}$

(d) $(g\circ f)(x)=g(f(x))=\dfrac{1}{x^2}-\dfrac{4}{x}+3$

(e) $(f \circ f)(x) = f(f(x)) = \dfrac{1}{f(x)} = \dfrac{1}{\left(\dfrac{1}{x}\right)} = x$

7. $(f \circ g)(x) = f(g(x)) = f(x^2+1) = \sqrt{x^2+1}$

$(g \circ f)(x) = g(f(x)) = g(\sqrt{x}) = (\sqrt{x})^2 + 1 = x+1$

f의 정의역은 0보다 크거나 같은 실수 R^+이고 g는 R이므로 $f \circ g$의 정의역은 실수 R이다. 한편 $(g \circ f)(x)$는 $x \geq 0$인 경우에만 정의된다.

8. $(f \circ g)(x) = f(g(x)) = f(x^3) = 3x^3 - 4$

$(g \circ f)(x) = g(f(x)) = g(3x-4) = (3x-4)^3$

이 경우 정의역은 실수 전체의 집합이다.

9. (a) $(f+g)(x) = \begin{cases} x+12 & (x<1) \\ x^2+x-4 & (x \geq 1) \end{cases}$

$(fg)(x) = \begin{cases} 5x+35 & (x<1) \\ (x^2)(x-4) & (x \geq 1) \end{cases}$

$(3g)(x) = \begin{cases} 15 & (x<1) \\ 3x-12 & (x \geq 1) \end{cases}$

(b) $(f+g)(x) = \begin{cases} -x^2+x+12 & (x<0) \\ -x^2+16 & (x \geq 0) \end{cases}$

$(fg)(x) = \begin{cases} (9-x^2)(x+3) & (x<0) \\ 63-7x^2 & (x \geq 0) \end{cases}$

$(3g)(x) = \begin{cases} 3x+9 & (x<0) \\ 21 & (x \geq 0) \end{cases}$

(c) $(f+g)(x) = \begin{cases} 5x-4 & (x<1) \\ 2x+5 & (1 \leq x \leq 3) \\ -2x^2+7 & (x>3) \end{cases}$

$$(fg)(x) = \begin{cases} 6x^2 - 10x + 4 & (x < 1) \\ 14x - 14 & (1 \le x \le 3) \\ -14x^2 & (x > 3) \end{cases}$$

$$(3g)(x) = \begin{cases} 9x - 6 & (x < 1) \\ 21 & (x \ge 1) \end{cases}$$

10. (a) $f(2x-3) = 2(2x-3) - 3 = 4x - 9$

(b) $4x - 9 = 0 \Rightarrow x = \dfrac{9}{4}$

(c) $y = 2x - 3 \Rightarrow x = \dfrac{y+3}{2} \Rightarrow f^{-1} = \left(\dfrac{1}{2}\right)x + \dfrac{3}{2}$

(d) $f \circ f^{-1} = 2\left(\dfrac{1}{2}x + \dfrac{3}{2}\right) - 3 = x \Rightarrow (f \circ f^{-1})(3) = 3$

11. (a) $C(Q)$가 총생산비용이므로 평균생산비용함수는 $\dfrac{C(Q)}{Q}$로 정의된다. 따라서 평균생산비용은 $\dfrac{C(Q)}{Q} = 15 + \dfrac{100}{Q}$이 된다.

(b) 1,000대 생산시의 평균생산비용이 $\dfrac{C(1,000)}{1,000} = 15 + \dfrac{100}{1,000} = 15.1$이므로 판매가격은 (1.2)(15.1)=18.12가 된다.

(c) 판매가격을 Q의 함수로 나타내면 $(1.2)\dfrac{C(Q)}{Q} = (1.2)\left(15 + \dfrac{100}{Q}\right) = 18 + \dfrac{120}{Q}$이 된다.

12. (a) 생산비용 $C(Q) = aQ + b$로 가정한다면 이 함수는 (100, 2,500)과 (200, 4,000)을 포함해야 한다. 따라서

$$a = \frac{4,000 - 2,500}{200 - 100} = 15$$

$$b = 2,500 - (15)(100) = 1,000$$

이 되어 $C(Q) = 15Q + 1,000$이 도출된다.

(b) 단위당 판매가격이 23만원으로 주어져 있으므로 손익분기점은

$$23Q = 15Q + 1{,}000$$

을 만족하는 Q값이다. 따라서 $Q^* = \frac{1{,}000}{8} = 125$대가 된다.

13. (a) $\overline{C}(Q) = 1.5 + \frac{1{,}200}{Q}$

(b) 판매가격 $= (1.4)\overline{C}(2{,}000) = (1.4)\left[1.5 + \frac{1{,}200}{2{,}000}\right]$

$= (1.4)(2.1) = 2.94$만원

(c) 판매가격 $= (1.4)\overline{C}(Q) = (1.4)\left[1.5 + \frac{1{,}200}{Q}\right]$

$= 2.1 + \frac{1{,}680}{Q}$

14. 총비용을 승객수 x의 함수로 나타내면

$$C(x) = 36 + x$$

가 된다. 따라서 손익분기점은

$$36 + x = 4x$$

$$x^* = 12$$

가 된다.

15. (a) $(1{,}000)[(0.02)(3) + (0.03)(2) + (0.05)] = 170$만원

(b) 보너스액을 $A(x)$라 하면,

$$A(x) = \begin{cases} (1{,}000)(0.02)x & (0 \le x \le 3) \\ (1{,}000)\{(0.02)(3) + (0.03)(x-3)\} & (3 < x \le 5) \\ (1{,}000)\{(0.02)(3) + (0.03)(2) + (0.05)(x-5)\} & (5 < x \le 12) \\ (1{,}000)\{(0.02)(3) + (0.03)(2) + (0.05)(7) + (0.0575)(x-12)\} & (x > 12) \end{cases}$$

16. (a) $C(x+1) - C(x) = a(x+1)^2 + b(x+1) + c - ax^2 - bx - c = 2ax + a + b$

(b) $C(41) - C(40) = (2a)(40) + a + b = 81a + b = 10.38$

17. (a) $F(x) = \begin{cases} X + s(P - X) & \text{만약 } 0 \leq X < P \\ X & \text{만약 } P \leq X < E \\ X - t(X - E) & \text{만약 } X \geq E \end{cases}$

(b) $F(x) = \begin{cases} X + s(P - X) & \text{만약 } 0 \leq X < E \\ X - t(X - E) + s(P - X) & \text{만약 } E \leq X < P \\ X - t(X - E) & \text{만약 } X \geq P \end{cases}$

18. $T = t_0 + t_1 Y$로 정의된 T를 함수 C에 포함된 T에 치환하고, 그 결과를 이용하여 Y를 재정리하면,

$$Y = [c_0 - c_1 t_0 + I + G]/a$$
$$C = [c_0 - c_1 t_0 + c_1(1 - t_1)(I + G)]/a$$
$$T = [t_0 - c_1 t_0 + t_1 c_0 + t_1(I + G)]/a$$

가 된다. 여기서 $a = 1 - c_1(1 - t_1)$으로 정의된다.

만약 G가 x 단위만큼 증가한다면 Y는 $\frac{x}{a}$만큼 증가하게 된다. 또한 $0 < t_1 < 1$ 또는 $0 < 1 - t_1 < 1$이고 $0 < c_1 < 1$이라는 특성을 이용하면 다음 결과가 도출된다.

$$0 < c_1(1 - t_1) < 1$$

$0 < a < 1$ 또는 $\frac{1}{a} > 1$이므로 Y의 변화는 양의 값을 가지면 x보다 클 것이다. 유사한 방법을 통해, C는 $c_1(1 - t_1)(x/a)$만큼 증가하고, T는 $t_1 x/a$만큼 증가함을 알 수 있다.

19. 앞의 모형을 두 대안에 적용하면 그 결과는 다음과 같다.

①안 : 총비용 $= C(V) = 1.5 \times 50^{0.7} = 23.2$

②안 : 총비용 $= C(V) = 1.5 \times 25^{0.7} + 1.5 \times 25^{0.7} = 28.6$

①안을 선택하는 것이 ②안을 선택하는 것보다 비용을 절감할 수 있다.

20. (a) 헬로커피를 x박스, 굿바이커피를 y박스만큼 생산한다면 베트남산 원두는 $6x+3y$만큼 소요되고 라오스산 원두는 $4x+7y$만큼 소요된다. 원두재고수준이 240kg, 260kg이므로 다음 식이 성립해야 한다.

$$6x+3y=240,\ 4x+7y=260$$

이 방정식을 풀면, $x=30$, $y=20$이 도출된다.

(b) 헬로커피는 베트남산 원두 6kg과 라오스산 원두 4kg을 혼합하여 생산하는데, 원두재고수준이 240kg, 260kg이므로 헬로커피를 40박스 생산하면 더 이상의 베트남산 원두가 없어 생산이 중단된다. 물론 라오스산 원두는 40박스 생산 후에도 260－160＝100kg이 남아 있다.

제 3 장 행렬의 기본개념

1. (a) $\begin{bmatrix} 3 \\ 0 \\ 42 \end{bmatrix}$

(b) $8+6+35=49$

(c) $\begin{bmatrix} 12 & 0 & 20 \\ 6 & 0 & 10 \\ -3 & 0 & -5 \end{bmatrix}$

(d) $[2 \quad -6 \quad 16 \quad -5]$

(e) $\begin{bmatrix} xy+y+2 & 2x-2y+8 \\ x+2y-4 & -xy+3x+4y-8 \end{bmatrix}$

(f) $\begin{bmatrix} 3x_1+2x_2 & 3x_3+2x_4 & 3x_5+2x_6 \\ 2x_1+4x_2 & 2x_3+4x_4 & 2x_5+4x_6 \end{bmatrix}$

2. (a) $3a+1=2$ 에서 $a=\dfrac{1}{3}$, $5c=3c+1$ 에서 $c=\dfrac{1}{2}$, $-4a=(-4)\left(\dfrac{1}{3}\right)=4b-1$ 에서 $b=-\dfrac{1}{12}$, 그리고 $d+2=6$ 에서 $d=4$ 임을 알 수 있다.

(b) $5a-1=4$ 에서 $a=1$, $3a-2b=3-2b=-1$ 에서 $b=2$, $b+c=2+c=5$ 에서 $c=3$, 그리고 $c-3d=6$ 에서 $d=-1$ 임을 알 수 있다.

(c) $c+d=8$ 과 $c-d=6$ 을 이용하면 $c=7$, $d=1$ 임을 알 수 있으며 $-2c=a$, $d=-b$ 에서 $a=-14$, $b=-1$ 임을 알 수 있다.

3. (a) $\begin{bmatrix} 1 & 3 \\ 2 & 4 \end{bmatrix}\begin{bmatrix} 1 & 0 \\ 1 & 1 \end{bmatrix} = \begin{bmatrix} 4 & 3 \\ 6 & 4 \end{bmatrix}$이므로 $\begin{bmatrix} 4 & 3 \\ 6 & 4 \end{bmatrix}\begin{bmatrix} 0 & 1 \\ 1 & 0 \end{bmatrix} = \begin{bmatrix} 3 & 4 \\ 4 & 6 \end{bmatrix}$

(b) $\begin{bmatrix} 1 & 3 \\ 2 & 4 \end{bmatrix}\left(\begin{bmatrix} 1 & 0 \\ 1 & 1 \end{bmatrix} + \begin{bmatrix} 0 & 1 \\ 1 & 0 \end{bmatrix}\right) = \begin{bmatrix} 1 & 3 \\ 2 & 4 \end{bmatrix}\begin{bmatrix} 1 & 1 \\ 2 & 1 \end{bmatrix} = \begin{bmatrix} 7 & 4 \\ 10 & 6 \end{bmatrix}$

4. (a) $\begin{bmatrix} 2 & 1 \\ 0 & 3 \end{bmatrix}\begin{bmatrix} 4+2 & 6+1 \\ 1-5 & 0+1 \end{bmatrix} = \begin{bmatrix} 8 & 15 \\ -12 & 3 \end{bmatrix}$

(b) (a)와 같음

(c) $\begin{bmatrix} -42 & 21 \\ 6 & 3 \end{bmatrix}$

(d) (c)와 같음

(e)와 (f) $\begin{bmatrix} 21 & -7 \\ -17 & 2 \end{bmatrix}$

5. (a) $\mathbf{R}_1 + \mathbf{R}_2 + \mathbf{R}_3 + \mathbf{R}_4 = [23 \quad 4 \quad 4]$

이는 각 사업부의 연간 영업이익을 의미한다.

(b) $\mathbf{C}_1 + \mathbf{C}_2 + \mathbf{C}_3 = \begin{bmatrix} 9 \\ 6 \\ 8 \\ 8 \end{bmatrix}$

이는 각 분기별 총영업이익을 의미한다.

6. $[10 \quad 4 \quad 5]\begin{bmatrix} 30 & 15 & 1 \\ 3 & 25 & 8 \\ 2 & 0 & 5 \end{bmatrix} = [322 \quad 250 \quad 67]$

유리는 322만원, 나무는 250만원, 금속부품은 67만원어치가 소요된다.

총비용은 $[10 \quad 4 \quad 5]\begin{bmatrix} 30 & 15 & 1 \\ 3 & 25 & 8 \\ 2 & 0 & 5 \end{bmatrix}\begin{bmatrix} 1 \\ 1 \\ 1 \end{bmatrix}$ =639만원이 소요된다.

7. $$A \cdot B = \begin{bmatrix} 920 & 1,030 \\ 1,200 & 2,330 \\ 260 & 370 \\ 1,240 & 2,710 \end{bmatrix} \begin{matrix} 1 \\ 2 \\ 3 \\ 4 \end{matrix} \quad \text{부품번호}$$

인천 부산

각 열은 각 공장에서 필요로 하는 부품의 소요량을 의미한다.

8. (a) 인천공장 : $[0.6 \quad 0.6 \quad 0.2]\begin{bmatrix} 2.5 \\ 3.0 \\ 4.0 \end{bmatrix} = 4.1$ (백만원)

거제공장 : $[0.6 \quad 0.6 \quad 0.2]\begin{bmatrix} 2.0 \\ 3.5 \\ 4.0 \end{bmatrix} = 4.1$ (백만원)

(b) $MN = \begin{bmatrix} a_1 & b_1 \\ a_2 & b_2 \\ a_3 & b_3 \end{bmatrix}$

여기서 a_1은 1인용 요트를 인천에서 생산할 때의 직접노동비이며 a_2는 2인용을 인천에서, a_3은 3인용을 인천에서 생산할 때의 직접노동비를 의미한다. 마찬가지로 b_i는 i인용 요트를 거제에서 생산할 때의 직접노동비이다.

9. 이익 $=[10 \quad 12 \quad 5]\begin{bmatrix} 15,000 \\ 27,000 \\ 13,000 \end{bmatrix} - [2 \quad 3]\begin{bmatrix} 50,000 \\ 30,000 \end{bmatrix}$

$=539,000 - 190,000 = 349,000$

10.

$$\begin{bmatrix} 6 & 19 & 14 & 46 \\ 8 & 28 & 12 & 40 \\ 4 & 26 & 17 & 55 \end{bmatrix}\begin{bmatrix} 2 & 1 \\ 3 & 2 \\ 5 & 3 \\ 4 & 4 \end{bmatrix} = \begin{bmatrix} 323 & 270 \\ 320 & 260 \\ 391 & 327 \end{bmatrix} \begin{matrix} \text{1사분기} \\ \text{2사분기} \\ \text{3사분기} \end{matrix}$$

(열: 이익, 판매수당)

11. (a) $\frac{1}{a_{11}a_{22}-a_{12}a_{21}}\begin{bmatrix} a_{22} & -a_{12} \\ -a_{21} & a_{11} \end{bmatrix}=\frac{1}{3}\begin{bmatrix} 3 & -8 \\ 0 & 1 \end{bmatrix}$

(b) $\frac{1}{8-5}\begin{bmatrix} 8 & -1 \\ -5 & 1 \end{bmatrix}=\begin{bmatrix} \frac{8}{3} & -\frac{1}{3} \\ -\frac{5}{3} & \frac{1}{3} \end{bmatrix}$

(c) $3\begin{bmatrix} \frac{1}{3} & 4 \\ 0 & 1 \end{bmatrix}$

(d) $\frac{1}{\left(2-\frac{3}{2}\right)}\begin{bmatrix} \frac{1}{2} & \frac{1}{2} \\ 3 & 4 \end{bmatrix}=\begin{bmatrix} 1 & 1 \\ 6 & 8 \end{bmatrix}$

12. $(\mathbf{ABC})(\mathbf{C}^{-1}\mathbf{B}^{-1}\mathbf{A}^{-1})=(\mathbf{AB})\mathbf{I}(\mathbf{B}^{-1}\mathbf{A}^{-1})=(\mathbf{AB})(\mathbf{B}^{-1}\mathbf{A}^{-1})=\mathbf{AA}^{-1}=\mathbf{I}$

따라서 $(\mathbf{ABC})^{-1}=\mathbf{C}^{-1}\mathbf{B}^{-1}\mathbf{A}^{-1}$이 성립한다.

13. $\mathbf{A}^{\mathrm{T}}=\begin{bmatrix} 2 & -1 \\ 4 & 3 \end{bmatrix}$, $\mathbf{B}^{\mathrm{T}}=\begin{bmatrix} 0 & 3 \\ 1 & 8 \end{bmatrix}$, $\mathbf{C}^{\mathrm{T}}=\begin{bmatrix} 1 & 6 \\ 9 & 1 \\ 0 & 2 \\ 1 & 4 \end{bmatrix}$

14. $(\mathbf{AB})^{\mathrm{T}}=\mathbf{B}^{\mathrm{T}}\mathbf{A}^{\mathrm{T}}$를 활용하면,

$(\mathbf{ABC})^{\mathrm{T}}=((\mathbf{AB})\mathbf{C})^{\mathrm{T}}=\mathbf{C}^{\mathrm{T}}(\mathbf{AB})^{\mathrm{T}}=\mathbf{C}^{\mathrm{T}}\mathbf{B}^{\mathrm{T}}\mathbf{A}^{\mathrm{T}}$임을 보일 수 있다.

제4장 행렬식과 연립방정식

1. (a) -10 (b) 178 (c) 20

(d) -83 (e) -324

2. (a) n이 짝수인 경우

$$\begin{aligned}\det \mathbf{A} &= a_{11}\mathrm{M}_{11} - a_{12}\mathrm{M}_{12} + a_{13}\mathrm{M}_{13} - \cdots - a_{1n}\mathrm{M}_{1n} \\ &= 0\mathrm{M}_{11} - 0\mathrm{M}_{12} + 0\mathrm{M}_{13} - \cdots - d_1\mathrm{M}_{1n} \\ &= -d_1\mathrm{M}_{1n}\end{aligned}$$

한편

$$\mathrm{M}_{1n} = \begin{vmatrix} 0 & 0 & \cdots & 0 & d_2 \\ 0 & 0 & \cdots & d_3 & 0 \\ \vdots & \vdots & \cdots & \vdots & \vdots \\ \vdots & d_{n-1} & & \vdots & \vdots \\ d_n & 0 & \cdots & 0 & 0 \end{vmatrix} \text{이므로}$$

$$\mathrm{M}_{1n} = 0 - 0 + 0 - \cdots + d_2 \cdot \begin{vmatrix} 0 & 0 & \cdots & 0 & d_3 \\ 0 & 0 & \cdots & d_4 & 0 \\ \vdots & \vdots & \cdots & \vdots & \vdots \\ \vdots & d_{n-1} & & \vdots & \vdots \\ d_n & 0 & \cdots & 0 & 0 \end{vmatrix}$$

따라서 이를 일반화시키면

$$\begin{aligned}\det \mathbf{A} &= (-d_1)(d_2)(-d_3)(d_4)\cdots(-d_{n-1})(d_n) \\ &= d_1 d_2 \cdots d_n\end{aligned}$$

이 된다.

(b) n이 홀수인 경우에는 부호만 달라지므로

$$\det \mathbf{A} = (-1)d_1 d_2 \cdots d_n$$

이 된다.

(c) 따라서 이 두 경우를 모두 감안하면

$$\det \mathbf{A} = (-1)^{\frac{n(n-1)}{2}} d_1 d_2 \cdots d_n$$

이 성립한다.

3. $\begin{vmatrix} 2 & -4 \\ 3 & 1 \end{vmatrix} = 2-(-12) = 14$

따라서 $x_1^* = \dfrac{1}{14}\begin{vmatrix} 8 & -4 \\ 5 & 1 \end{vmatrix} = \dfrac{28}{14} = 2$

$$x_2^* = \frac{1}{14}\begin{vmatrix} 2 & 8 \\ 3 & 5 \end{vmatrix} = \frac{-14}{14} = -1$$

이 된다.

4. (a) $\begin{vmatrix} 2 & 2 & -1 \\ -3 & -1 & 3 \\ 4 & 2 & -3 \end{vmatrix} = 2$이므로

$$x_1^* = \frac{1}{2}\begin{vmatrix} 2 & 2 & -1 \\ -2 & -1 & 3 \\ 0 & 2 & -3 \end{vmatrix} = \frac{-14}{2} = -7$$

$$x_2^* = \frac{1}{2}\begin{vmatrix} 2 & 2 & -1 \\ -3 & -2 & 3 \\ 4 & 0 & -3 \end{vmatrix} = \frac{10}{2} = 5$$

$$x_3^* = \frac{1}{2}\begin{vmatrix} 2 & 2 & 2 \\ -3 & -1 & -2 \\ 4 & 2 & 0 \end{vmatrix} = \frac{-12}{2} = -6$$

(b) $\mathbf{A}=\begin{vmatrix} 5 & 1 & -1 \\ -2 & 5 & -1 \\ -1 & -1 & 7 \end{vmatrix}=178$이며

$\mathbf{A}_1=\begin{vmatrix} 9 & 1 & -1 \\ 3 & 5 & -1 \\ 17 & -1 & 7 \end{vmatrix}=356$이므로 $p_1^*=\dfrac{356}{178}=2$이다.

유사한 방법으로 나머지 변숫값을 구하면 $p_2^*=2$, $p_3^*=3$이 도출된다.

5. (a) $\mathbf{A}^{-1}=\begin{bmatrix} x_1 & y_1 \\ x_2 & y_2 \end{bmatrix}$라 한다면

$$\begin{bmatrix} 1 & -3 \\ -2 & 4 \end{bmatrix}\begin{bmatrix} x_1 \\ x_2 \end{bmatrix}=\begin{bmatrix} 1 \\ 0 \end{bmatrix},\ \begin{bmatrix} 1 & -3 \\ -2 & 4 \end{bmatrix}\begin{bmatrix} y_1 \\ y_2 \end{bmatrix}=\begin{bmatrix} 0 \\ 1 \end{bmatrix}$$

이 성립한다. 크레머의 공식을 적용하면

$$x_1^*=\frac{1}{-2}\begin{vmatrix} 1 & -3 \\ 0 & 4 \end{vmatrix}=-2$$

$$x_2^*=\frac{1}{-2}\begin{vmatrix} 1 & 1 \\ -2 & 0 \end{vmatrix}=-1$$

이 되며, $y_1^*=-\dfrac{3}{2}$, $y_2^*=-\dfrac{1}{2}$이 됨을 알 수 있다. 따라서

$$\mathbf{A}^{-1}=\begin{bmatrix} -2 & -\frac{3}{2} \\ -1 & -\frac{1}{2} \end{bmatrix}$$

(b) $\mathbf{B}^{-1}=\begin{bmatrix} x_1 & y_1 & z_1 \\ x_2 & y_2 & z_2 \\ x_3 & y_3 & z_3 \end{bmatrix}$라 한다면

$\begin{bmatrix} 3 & -3 & 6 \\ -1 & 0 & 1 \\ -1 & 0 & -2 \end{bmatrix}\begin{bmatrix} x_1 \\ x_2 \\ x_3 \end{bmatrix}=\begin{bmatrix} 1 \\ 0 \\ 0 \end{bmatrix}$이 되어야 하므로

$\begin{vmatrix} 3 & -3 & 6 \\ -1 & 0 & 1 \\ -1 & 0 & -2 \end{vmatrix}=(3)(0)-(-3)(2+1)+(6)(0)=9$임을 이용하면,

$$x_1^* = \frac{1}{9}\begin{vmatrix} 1 & -3 & 6 \\ 0 & 0 & 1 \\ 0 & 0 & -2 \end{vmatrix} = 0$$

$$x_2^* = \frac{1}{9}\begin{vmatrix} 3 & 1 & 6 \\ -1 & 0 & 1 \\ -1 & 0 & -2 \end{vmatrix} = \frac{1}{9}(-1)(2+1) = -\frac{1}{3}$$

$$x_3^* = \frac{1}{9}\begin{vmatrix} 3 & -3 & 1 \\ -1 & 0 & 0 \\ -1 & 0 & 0 \end{vmatrix} = \frac{1}{9}(0) = 0$$

마찬가지 방법으로 다른 미지변수를 구하면

$$y_1^* = \frac{1}{9}\begin{vmatrix} 0 & -3 & 6 \\ 1 & 0 & 1 \\ 0 & 0 & -2 \end{vmatrix} = \frac{1}{9}(-1)(-3)(-2) = -\frac{2}{3}$$

$$y_2^* = \frac{1}{9}\begin{vmatrix} 3 & 0 & 6 \\ -1 & 1 & 1 \\ -1 & 0 & -2 \end{vmatrix} = \frac{1}{9}[(3)(-2) + (6)(1)] = 0$$

$$y_3^* = \frac{1}{9}\begin{vmatrix} 3 & -3 & 0 \\ -1 & 0 & 1 \\ -1 & 0 & 0 \end{vmatrix} = \frac{1}{9}(-1)(-3)(+1) = \frac{1}{3}$$

$$z_1^* = \frac{1}{9}\begin{vmatrix} 0 & -3 & 6 \\ 0 & 0 & 1 \\ 1 & 0 & -2 \end{vmatrix} = \frac{1}{9}(-1)(-3)(-1) = -\frac{1}{3}$$

$$z_2^* = \frac{1}{9}\begin{vmatrix} 3 & 0 & 6 \\ -1 & 0 & 1 \\ -1 & 1 & -2 \end{vmatrix} = \frac{1}{9}[(3)(-1) + (6)(-1)] = -1$$

$$z_3^* = \frac{1}{9}\begin{vmatrix} 3 & -3 & 0 \\ -1 & 0 & 0 \\ -1 & 0 & 1 \end{vmatrix} = \frac{1}{9}[(-1)(-3)(-1)] = -\frac{1}{3}$$

따라서 $B^{-1} = \begin{bmatrix} 0 & -\frac{2}{3} & -\frac{1}{3} \\ -\frac{1}{3} & 0 & -1 \\ 0 & \frac{1}{3} & -\frac{1}{3} \end{bmatrix}$ 이 된다.

6. (a) $\left[\begin{array}{cccc:c} 2 & -1 & 0 & 0 & 0 \\ 0 & 1 & 1 & 2 & 100 \\ 1 & 2 & 2 & 0 & 60 \\ -1 & 0 & 1 & -1 & -10 \end{array}\right] \to \left[\begin{array}{cccc:c} 2 & -1 & 0 & 0 & 0 \\ 0 & 1 & 1 & 2 & 100 \\ 1 & 2 & 2 & 0 & 60 \\ 0 & 2 & 3 & -1 & 50 \end{array}\right] \to \left[\begin{array}{cccc:c} 2 & -1 & 0 & 0 & 0 \\ 0 & 1 & 1 & 2 & 100 \\ 0 & -5 & -4 & 0 & -120 \\ 0 & 2 & 3 & -1 & 50 \end{array}\right]$

$\to \left[\begin{array}{cccc:c} 1 & -\frac{1}{2} & 0 & 0 & 0 \\ 0 & 1 & 1 & 2 & 100 \\ 0 & 1 & \frac{4}{5} & 0 & 24 \\ 0 & 2 & 3 & -1 & 50 \end{array}\right] \to \left[\begin{array}{cccc:c} 1 & -\frac{1}{2} & 0 & 0 & 0 \\ 0 & 1 & 1 & 2 & 100 \\ 0 & 0 & \frac{1}{5} & 2 & 76 \\ 0 & 0 & 1 & -5 & -150 \end{array}\right]$

$\to \left[\begin{array}{cccc:c} 1 & -\frac{1}{2} & 0 & 0 & 0 \\ 0 & 1 & 1 & 2 & 100 \\ 0 & 0 & 1 & 10 & 380 \\ 0 & 0 & 0 & 15 & 530 \end{array}\right] \to \left[\begin{array}{cccc:c} 1 & 0 & 0 & 0 & \frac{4}{3} \\ 0 & 1 & 0 & 0 & \frac{8}{3} \\ 0 & 0 & 1 & 0 & \frac{80}{3} \\ 0 & 0 & 0 & 1 & \frac{106}{3} \end{array}\right]$

$\left(x^* = \frac{4}{3},\ y^* = \frac{8}{3},\ z^* = \frac{80}{3},\ w^* = \frac{106}{3}\right)$

(b) $\left[\begin{array}{ccc:c} 1 & 1 & 1 & 0 \\ 0 & 1 & 0 & 20 \\ -1 & 0 & 2 & 10 \end{array}\right] \to \left[\begin{array}{ccc:c} 1 & 1 & 1 & 0 \\ 0 & 1 & 0 & 20 \\ 0 & 1 & 3 & 10 \end{array}\right] \to \left[\begin{array}{ccc:c} 1 & 1 & 1 & 0 \\ 0 & 1 & 0 & 20 \\ 0 & 0 & -3 & 10 \end{array}\right]$

$\to \left[\begin{array}{ccc:c} 1 & 1 & 1 & 0 \\ 0 & 1 & 0 & 20 \\ 0 & 0 & 1 & -\frac{10}{3} \end{array}\right] \to \left[\begin{array}{ccc:c} 1 & 0 & 0 & -\frac{50}{3} \\ 0 & 1 & 0 & 20 \\ 0 & 0 & 1 & -\frac{10}{3} \end{array}\right]$

$\left(x^* = -\frac{50}{3},\ y^* = 20,\ z^* = -\frac{10}{3}\right)$

(c) $\left[\begin{array}{ccc|c} 2 & 1 & 1 & 8 \\ 4 & 1 & 0 & 8 \\ -2 & 2 & 1 & 8 \end{array}\right] \to \left[\begin{array}{ccc|c} 2 & 1 & 1 & 8 \\ 0 & -1 & -2 & -8 \\ 0 & 3 & 2 & 16 \end{array}\right]$

$\to \left[\begin{array}{ccc|c} 1 & \frac{1}{2} & \frac{1}{2} & 4 \\ 0 & -1 & -2 & -8 \\ 0 & 3 & 2 & 16 \end{array}\right] \to \left[\begin{array}{ccc|c} 1 & 0 & -\frac{1}{2} & 0 \\ 0 & 1 & 2 & 8 \\ 0 & 3 & 2 & 16 \end{array}\right]$

$\to \left[\begin{array}{ccc|c} 1 & 0 & -\frac{1}{2} & 0 \\ 0 & 1 & 2 & 8 \\ 0 & 0 & -4 & -8 \end{array}\right] \to \left[\begin{array}{ccc|c} 1 & 0 & 0 & 1 \\ 0 & 1 & 0 & 4 \\ 0 & 0 & 1 & 2 \end{array}\right]$

$(x_1^* = 1,\ \ x_2^* = 4,\ \ x_3^* = 2)$

(d) $\left[\begin{array}{ccc|c} 0 & 1 & 0 & 6 \\ 2 & 0 & -1 & 12 \\ 1 & 3 & 1 & 15 \end{array}\right] \to \left[\begin{array}{ccc|c} 2 & 0 & -1 & 12 \\ 0 & 1 & 0 & 6 \\ 1 & 0 & 1 & -3 \end{array}\right]$

$\to \left[\begin{array}{ccc|c} 3 & 0 & 0 & 9 \\ 0 & 1 & 0 & 6 \\ 1 & 0 & 1 & -3 \end{array}\right] \to \left[\begin{array}{ccc|c} 1 & 0 & 0 & 3 \\ 0 & 1 & 0 & 6 \\ 0 & 0 & 1 & -6 \end{array}\right]$

$(x_1^* = 3,\ \ x_2^* = 6,\ \ x_3^* = -6)$

(e) $\left[\begin{array}{ccc|c} 1 & -1 & -3 & -3 \\ 1 & 2 & 3 & 3 \\ 1 & 2 & 6 & 7 \end{array}\right] \to \left[\begin{array}{ccc|c} 1 & -1 & -3 & -3 \\ 0 & 3 & 6 & 6 \\ 0 & 3 & 9 & 10 \end{array}\right]$

$\to \left[\begin{array}{ccc|c} 1 & -1 & -3 & -3 \\ 0 & 3 & 6 & 6 \\ 0 & 0 & 3 & 4 \end{array}\right] \to \left[\begin{array}{ccc|c} 1 & 0 & -1 & -1 \\ 0 & 1 & 2 & 2 \\ 0 & 0 & 3 & 4 \end{array}\right]$

$\to \left[\begin{array}{ccc|c} 1 & 0 & -1 & -1 \\ 0 & 1 & 2 & 2 \\ 0 & 0 & 1 & \frac{4}{3} \end{array}\right] \to \left[\begin{array}{ccc|c} 1 & 0 & 0 & \frac{1}{3} \\ 0 & 1 & 0 & -\frac{2}{3} \\ 0 & 0 & 1 & \frac{4}{3} \end{array}\right]$

$\left(x_1^* = \frac{1}{3},\ \ x_2^* = -\frac{2}{3},\ \ x_3^* = \frac{4}{3}\right)$

(f) 문제의 연립방정식의 계수행렬과 우변을 행렬로 나타낸 뒤 가우스-조던 소거법을 적용하면 다음과 같다.

$$\left[\begin{array}{ccc:c} 1 & -1 & 5 & -6 \\ 3 & 3 & -1 & 10 \\ 1 & 3 & 2 & 5 \end{array}\right] \rightarrow \left[\begin{array}{ccc:c} 1 & -1 & 5 & -6 \\ 0 & 6 & -16 & 28 \\ 1 & 3 & 2 & 5 \end{array}\right]$$

$$\rightarrow \left[\begin{array}{ccc:c} 1 & -1 & 5 & -6 \\ 0 & 6 & -16 & 28 \\ 0 & 4 & -3 & 11 \end{array}\right] \rightarrow \left[\begin{array}{ccc:c} 1 & -1 & 5 & -6 \\ 0 & 1 & -\frac{8}{3} & \frac{14}{3} \\ 0 & 4 & -3 & 11 \end{array}\right]$$

$$\rightarrow \left[\begin{array}{ccc:c} 1 & 0 & \frac{7}{3} & -\frac{4}{3} \\ 0 & 1 & -\frac{8}{3} & \frac{14}{3} \\ 0 & 4 & -3 & 11 \end{array}\right] \rightarrow \left[\begin{array}{ccc:c} 1 & 0 & \frac{7}{3} & -\frac{4}{3} \\ 0 & 1 & -\frac{8}{3} & \frac{14}{3} \\ 0 & 0 & \frac{23}{3} & -\frac{23}{3} \end{array}\right]$$

$$\rightarrow \left[\begin{array}{ccc:c} 1 & 0 & \frac{7}{3} & -\frac{4}{3} \\ 0 & 1 & -\frac{8}{3} & \frac{14}{3} \\ 0 & 0 & 1 & -1 \end{array}\right] \rightarrow \left[\begin{array}{ccc:c} 1 & 0 & 0 & 1 \\ 0 & 1 & -\frac{8}{3} & \frac{14}{3} \\ 0 & 0 & 1 & -1 \end{array}\right] \rightarrow \left[\begin{array}{ccc:c} 1 & 0 & 0 & 1 \\ 0 & 1 & 0 & 2 \\ 0 & 0 & 1 & -1 \end{array}\right]$$

$(x^* = 1,\ y^* = 2,\ z^* = -1)$

(g) $$\left[\begin{array}{ccc:c} 2 & 5 & 3 & 19{,}500 \\ 3 & 4 & 1 & 14{,}900 \\ 1 & 6 & 4 & 21{,}600 \end{array}\right] \rightarrow \left[\begin{array}{ccc:c} 1 & \frac{5}{2} & \frac{3}{2} & 9{,}750 \\ 3 & 4 & 1 & 14{,}900 \\ 1 & 6 & 4 & 21{,}600 \end{array}\right]$$

$$\rightarrow \left[\begin{array}{ccc:c} 1 & \frac{5}{2} & \frac{3}{2} & 9{,}750 \\ 0 & -\frac{7}{2} & -\frac{7}{2} & -14{,}350 \\ 0 & \frac{7}{2} & \frac{5}{2} & 11{,}850 \end{array}\right] \rightarrow \left[\begin{array}{ccc:c} 1 & \frac{5}{2} & \frac{3}{2} & 9{,}750 \\ 0 & 1 & 1 & 4{,}100 \\ 0 & \frac{7}{2} & \frac{5}{2} & 11{,}850 \end{array}\right]$$

$$\rightarrow \left[\begin{array}{ccc:c} 1 & 0 & -1 & -500 \\ 0 & 1 & 1 & 4{,}100 \\ 0 & 0 & 1 & 2{,}500 \end{array}\right] \rightarrow \left[\begin{array}{ccc:c} 1 & 0 & -1 & -500 \\ 0 & 1 & 1 & 4{,}100 \\ 0 & 0 & 1 & 2{,}500 \end{array}\right]$$

$$\rightarrow \left[\begin{array}{ccc:c} 1 & 0 & 0 & 2{,}000 \\ 0 & 1 & 0 & 1{,}600 \\ 0 & 0 & 1 & 2{,}500 \end{array}\right]$$

$(x^* = 2{,}000,\ y^* = 1{,}600,\ z^* = 2{,}500)$

(h) $$\left[\begin{array}{ccc:c} 2 & 8 & 6 & 20 \\ 4 & 2 & -2 & -2 \\ -6 & 4 & 10 & 24 \end{array}\right] \rightarrow \left[\begin{array}{ccc:c} 1 & 4 & 3 & 10 \\ 4 & 2 & -2 & -2 \\ -6 & 4 & 10 & 24 \end{array}\right]$$

$$\rightarrow \left[\begin{array}{ccc:c} 1 & 4 & 3 & 10 \\ 0 & -14 & -14 & -42 \\ 0 & 28 & 28 & 84 \end{array}\right] \rightarrow \left[\begin{array}{ccc:c} 1 & 4 & 3 & 10 \\ 0 & 1 & 1 & 3 \\ 0 & 28 & 28 & 84 \end{array}\right]$$

$$\rightarrow \left[\begin{array}{ccc:c} 1 & 0 & -1 & -2 \\ 0 & 1 & 1 & 3 \\ 0 & 0 & 0 & 0 \end{array}\right]$$

이 결과는 $x - z = -2$, $y + z = 3$, $0 = 0$과 같으므로, $x = z - 2$, $y = -z + 3$ 그리고 z는 어떤 값을 취해도 무방하다는 의미이다.

(i) $$\left[\begin{array}{ccc:c} 2 & 8 & 6 & 20 \\ 4 & 2 & -2 & -2 \\ 3 & -1 & 1 & 11 \end{array}\right] \rightarrow \left[\begin{array}{ccc:c} 1 & 4 & 3 & 10 \\ 4 & 2 & -2 & -2 \\ 3 & -1 & 1 & 11 \end{array}\right]$$

$$\rightarrow \left[\begin{array}{ccc:c} 1 & 4 & 3 & 10 \\ 0 & -14 & -14 & -42 \\ 3 & -1 & 1 & 11 \end{array}\right] \rightarrow \left[\begin{array}{ccc:c} 1 & 4 & 3 & 10 \\ 0 & -14 & -14 & -42 \\ 0 & -13 & -8 & -19 \end{array}\right]$$

$$\rightarrow \left[\begin{array}{ccc:c} 1 & 4 & 3 & 10 \\ 0 & 1 & 1 & 3 \\ 0 & -13 & -8 & -19 \end{array}\right] \rightarrow \left[\begin{array}{ccc:c} 1 & 0 & -1 & -2 \\ 0 & 1 & 1 & 3 \\ 0 & 0 & 5 & 20 \end{array}\right]$$

$$\rightarrow \left[\begin{array}{ccc:c} 1 & 0 & -1 & -2 \\ 0 & 1 & 1 & 3 \\ 0 & 0 & 1 & 4 \end{array}\right] \rightarrow \left[\begin{array}{ccc:c} 1 & 0 & 0 & 2 \\ 0 & 1 & 0 & -1 \\ 0 & 0 & 1 & 4 \end{array}\right]$$

$(x^* = 2,\ y^* = -1,\ z^* = 4)$

7. (a) $\left[\begin{array}{ccc|ccc} 2 & 8 & 6 & 1 & 0 & 0 \\ 4 & 2 & -2 & 0 & 1 & 0 \\ 3 & -1 & 1 & 0 & 0 & 1 \end{array}\right] \to \left[\begin{array}{ccc|ccc} 1 & 4 & 3 & \frac{1}{2} & 0 & 0 \\ 4 & 2 & -2 & 0 & 1 & 0 \\ 3 & -1 & 1 & 0 & 0 & 1 \end{array}\right]$

$$\to \left[\begin{array}{ccc|ccc} 1 & 4 & 3 & \frac{1}{2} & 0 & 0 \\ 0 & -14 & -14 & -2 & 1 & 0 \\ 0 & -13 & -8 & -\frac{3}{2} & 0 & 1 \end{array}\right] \to \left[\begin{array}{ccc|ccc} 1 & 4 & 3 & \frac{1}{2} & 0 & 0 \\ 0 & 1 & 1 & \frac{2}{14} & -\frac{1}{14} & 0 \\ 0 & -13 & -8 & -\frac{3}{2} & 0 & 1 \end{array}\right]$$

$$\to \left[\begin{array}{ccc|ccc} 1 & 0 & -1 & -\frac{1}{14} & \frac{4}{14} & 0 \\ 0 & 1 & 1 & \frac{2}{14} & -\frac{1}{14} & 0 \\ 0 & 0 & 5 & \frac{5}{14} & -\frac{13}{14} & 1 \end{array}\right] \to \left[\begin{array}{ccc|ccc} 1 & 0 & -1 & -\frac{1}{14} & \frac{4}{14} & 0 \\ 0 & 1 & 1 & \frac{2}{14} & -\frac{1}{14} & 0 \\ 0 & 0 & 1 & \frac{1}{14} & -\frac{13}{70} & \frac{1}{5} \end{array}\right]$$

$$\to \left[\begin{array}{ccc|ccc} 1 & 0 & 0 & 0 & \frac{1}{10} & \frac{1}{5} \\ 0 & 1 & 0 & \frac{1}{14} & \frac{8}{70} & -\frac{1}{5} \\ 0 & 0 & 1 & \frac{1}{14} & -\frac{13}{70} & \frac{1}{5} \end{array}\right]$$

(b) $\left[\begin{array}{ccc|ccc} 2 & 4 & 3 & 1 & 0 & 0 \\ 0 & 1 & -1 & 0 & 1 & 0 \\ 3 & 5 & 7 & 0 & 0 & 1 \end{array}\right] \to \left[\begin{array}{ccc|ccc} 1 & 2 & \frac{3}{2} & \frac{1}{2} & 0 & 0 \\ 0 & 1 & -1 & 0 & 1 & 0 \\ 3 & 5 & 7 & 0 & 0 & 1 \end{array}\right]$

$$\to \left[\begin{array}{ccc|ccc} 1 & 2 & \frac{3}{2} & \frac{1}{2} & 0 & 0 \\ 0 & 1 & -1 & 0 & 1 & 0 \\ 0 & -1 & \frac{5}{2} & -\frac{3}{2} & 0 & 1 \end{array}\right] \to \left[\begin{array}{ccc|ccc} 1 & 0 & \frac{7}{2} & \frac{1}{2} & -2 & 0 \\ 0 & 1 & -1 & 0 & 1 & 0 \\ 0 & 0 & \frac{3}{2} & -\frac{3}{2} & 1 & 1 \end{array}\right]$$

$$\to \left[\begin{array}{ccc|ccc} 1 & 0 & \frac{7}{2} & \frac{1}{2} & -2 & 0 \\ 0 & 1 & -1 & 0 & 1 & 0 \\ 0 & 0 & 1 & -1 & \frac{2}{3} & \frac{2}{3} \end{array}\right] \to \left[\begin{array}{ccc|ccc} 1 & 0 & 0 & 4 & -\frac{13}{3} & -\frac{7}{3} \\ 0 & 1 & 0 & -1 & \frac{5}{3} & \frac{2}{3} \\ 0 & 0 & 1 & -1 & \frac{2}{3} & \frac{2}{3} \end{array}\right]$$

(c) $\left[\begin{array}{ccc:ccc} 2 & 1 & 1 & 1 & 0 & 0 \\ 4 & 1 & 0 & 0 & 1 & 0 \\ -2 & 2 & 1 & 0 & 0 & 1 \end{array}\right] \to \left[\begin{array}{ccc:ccc} 2 & 1 & 1 & 1 & 0 & 0 \\ 0 & -1 & -2 & -2 & 1 & 0 \\ 0 & 3 & 2 & 1 & 0 & 1 \end{array}\right]$

$\to \left[\begin{array}{ccc:ccc} 2 & 1 & 1 & 1 & 0 & 0 \\ 0 & -1 & -2 & -2 & 1 & 0 \\ 0 & 0 & -4 & -5 & 3 & 1 \end{array}\right] \to \left[\begin{array}{ccc:ccc} 2 & 1 & 0 & -\frac{1}{4} & \frac{3}{4} & \frac{1}{4} \\ 0 & -1 & 0 & \frac{1}{2} & -\frac{1}{2} & -\frac{1}{2} \\ 0 & 0 & -4 & -5 & 3 & 1 \end{array}\right]$

$\to \left[\begin{array}{ccc:ccc} 2 & 0 & 0 & \frac{1}{4} & \frac{1}{4} & -\frac{1}{4} \\ 0 & -1 & 0 & \frac{1}{2} & -\frac{1}{2} & -\frac{1}{2} \\ 0 & 0 & -4 & -5 & 3 & 1 \end{array}\right] \to \left[\begin{array}{ccc:ccc} 1 & 0 & 0 & \frac{1}{8} & \frac{1}{8} & -\frac{1}{8} \\ 0 & 1 & 0 & -\frac{1}{2} & \frac{1}{2} & \frac{1}{2} \\ 0 & 0 & 1 & \frac{5}{4} & -\frac{3}{4} & -\frac{1}{4} \end{array}\right]$

(d) $\begin{bmatrix} 3 & 1 \\ 1 & 1 \end{bmatrix}^{-1} = \begin{bmatrix} \frac{1}{2} & -\frac{1}{2} \\ -\frac{1}{2} & \frac{3}{2} \end{bmatrix}$

(e) $\left[\begin{array}{ccc:ccc} 1 & 2 & 3 & 1 & 0 & 0 \\ 0 & 1 & -1 & 0 & 1 & 0 \\ 1 & 2 & 1 & 0 & 0 & 1 \end{array}\right] \to \left[\begin{array}{ccc:ccc} 0 & 0 & 2 & 1 & 0 & -1 \\ 0 & 1 & -1 & 0 & 1 & 0 \\ 1 & 2 & 1 & 0 & 0 & 1 \end{array}\right]$

$\to \left[\begin{array}{ccc:ccc} 0 & 0 & 2 & 1 & 0 & -1 \\ 0 & 1 & -1 & 0 & 1 & 0 \\ 1 & 0 & 3 & 0 & -2 & 1 \end{array}\right] \to \left[\begin{array}{ccc:ccc} 0 & 0 & -3 & -\frac{3}{2} & 0 & \frac{3}{2} \\ 0 & 1 & -1 & 0 & 1 & 0 \\ 1 & 0 & 3 & 0 & -2 & 1 \end{array}\right]$

$\to \left[\begin{array}{ccc:ccc} 1 & 0 & 0 & -\frac{3}{2} & -2 & \frac{5}{2} \\ 0 & 1 & -1 & 0 & 1 & 0 \\ 1 & 0 & 3 & 0 & -2 & 1 \end{array}\right] \to \left[\begin{array}{ccc:ccc} 1 & 0 & 0 & -\frac{3}{2} & -2 & \frac{5}{2} \\ 0 & 1 & -1 & 0 & 1 & 0 \\ 0 & 0 & 3 & \frac{3}{2} & 0 & -\frac{3}{2} \end{array}\right]$

$\to \left[\begin{array}{ccc:ccc} 1 & 0 & 0 & -\frac{3}{2} & -2 & \frac{5}{2} \\ 0 & 1 & -1 & 0 & 1 & 0 \\ 0 & 0 & 1 & \frac{1}{2} & 0 & -\frac{1}{2} \end{array}\right] \to \left[\begin{array}{ccc:ccc} 1 & 0 & 0 & -\frac{3}{2} & -2 & \frac{5}{2} \\ 0 & 1 & 0 & \frac{1}{2} & 1 & -\frac{1}{2} \\ 0 & 0 & 1 & \frac{1}{2} & 0 & -\frac{1}{2} \end{array}\right]$

(f) $\left[\begin{array}{ccc|ccc} 2 & 1 & 2 & 1 & 0 & 0 \\ 3 & 1 & 1 & 0 & 1 & 0 \\ 3 & 1 & 2 & 0 & 0 & 1 \end{array}\right] \rightarrow \left[\begin{array}{ccc|ccc} 2 & 1 & 2 & 1 & 0 & 0 \\ 0 & -\frac{1}{2} & -2 & -\frac{3}{2} & 1 & 0 \\ 0 & -\frac{1}{2} & -1 & -\frac{3}{2} & 0 & 1 \end{array}\right]$

$\rightarrow \left[\begin{array}{ccc|ccc} 2 & 0 & -2 & -2 & 2 & 0 \\ 0 & -\frac{1}{2} & -2 & -\frac{3}{2} & 1 & 0 \\ 0 & 0 & 1 & 0 & -1 & 1 \end{array}\right] \rightarrow \left[\begin{array}{ccc|ccc} 2 & 0 & 0 & -2 & 0 & 2 \\ 0 & -\frac{1}{2} & 0 & -\frac{3}{2} & -1 & 2 \\ 0 & 0 & 1 & 0 & -1 & 1 \end{array}\right]$

첫 번째 행을 2로 나누고 두 번째 행을 $-\frac{1}{2}$로 나누면 답이 도출된다.

$\rightarrow A^{-1} = \begin{bmatrix} -1 & 0 & 1 \\ 3 & 2 & -4 \\ 0 & -1 & 1 \end{bmatrix}$

8. (a) x_1, x_2, x_3를 각각 영양소 패키지 A, B, C의 공급량이라고 한다면, 영양소 공급조건을 충족시키기 위한 연립방정식은 다음과 같다.

$$10x_1 + 10x_2 + 20x_3 = 180$$
$$30x_1 + 10x_2 + 20x_3 = 340$$
$$10x_1 + 30x_2 + 20x_3 = 220$$

가우스-조던 소거법을 이용하면,

$\left[\begin{array}{ccc|c} 10 & 10 & 20 & 180 \\ 30 & 10 & 20 & 340 \\ 10 & 30 & 20 & 220 \end{array}\right] \rightarrow \left[\begin{array}{ccc|c} 1 & 1 & 2 & 18 \\ 3 & 1 & 2 & 34 \\ 1 & 3 & 2 & 22 \end{array}\right]$

$\rightarrow \left[\begin{array}{ccc|c} 1 & 1 & 2 & 18 \\ 0 & -2 & -4 & -20 \\ 0 & 2 & 0 & 4 \end{array}\right] \rightarrow \left[\begin{array}{ccc|c} 1 & 1 & 2 & 18 \\ 0 & 1 & 2 & 10 \\ 0 & 2 & 0 & 4 \end{array}\right]$

$\rightarrow \left[\begin{array}{ccc|c} 1 & 0 & 0 & 8 \\ 0 & 1 & 2 & 10 \\ 0 & 0 & -4 & -16 \end{array}\right] \rightarrow \left[\begin{array}{ccc|c} 1 & 0 & 0 & 8 \\ 0 & 1 & 2 & 10 \\ 0 & 0 & 1 & 4 \end{array}\right]$

$\rightarrow \left[\begin{array}{ccc|c} 1 & 0 & 0 & 8 \\ 0 & 1 & 0 & 2 \\ 0 & 0 & 1 & 4 \end{array}\right]$

따라서 A는 8단위, B는 2단위, C는 4단위를 다이어트 고객들에게 공급하면 된다.

(b) 앞의 풀이과정에서 비타민 A에 대한 것을 제거하면 다음의 결과가 도출된다.

$$\left[\begin{array}{ccc|c} 1 & 0 & 0 & 8 \\ 0 & 1 & 2 & 10 \end{array}\right]$$

$x_1 = 8,\ x_2 + 2x_3 = 10$이 최종결과이므로, x_3, 즉 C의 공급량에 따라 다양한 답이 나오게 된다.

대 안	A	B	C
1	8	10	0
2	8	8	1
3	8	6	2
4	8	4	3
5	8	2	4
6	8	0	5

9. (a) $x^* = \begin{bmatrix} \frac{1}{5} & \frac{1}{5} \\ -\frac{2}{5} & \frac{3}{5} \end{bmatrix} \begin{bmatrix} 5 \\ 15 \end{bmatrix} = \begin{bmatrix} 4 \\ 7 \end{bmatrix}$

(b) $x^* = \begin{bmatrix} 3 & -4 & -9 \\ 3 & -4 & -8 \\ -2 & 3 & 6 \end{bmatrix} \begin{bmatrix} 5 \\ -1 \\ 2 \end{bmatrix} = \begin{bmatrix} 1 \\ 3 \\ -1 \end{bmatrix}$

10. 각 공장의 한계생산비용을 계산해 보면,

$$MC_1 = 4y_1 + 3$$
$$MC_2 = 12y_2 + 7$$
$$MC_3 = 2y_3 + 5$$

최적 생산계획에서는 $MC_1 = MC_2 = MC_3$가 성립해야 하므로,

$$4y_1 + 3 = 12y_2 + 7$$
$$12y_2 + 7 = 2y_3 + 5$$
$$y_1 + y_2 + y_3 = 52$$

를 이용하면

$$\begin{bmatrix} y_1 - 3y_2 = 1 \\ 6y_2 - y_3 = -1 \\ y_1 + y_2 + y_3 = 52 \end{bmatrix} \rightarrow \begin{bmatrix} 1 & -3 & 0 \\ 0 & 6 & -1 \\ 1 & 1 & 1 \end{bmatrix} \begin{bmatrix} y_1 \\ y_2 \\ y_3 \end{bmatrix} = \begin{bmatrix} 1 \\ -1 \\ 52 \end{bmatrix}$$

행렬식의 값이 10이므로 크레머의 공식을 이용하면, 최적 대안은 다음과 같다.

$$y_1^* = \frac{\begin{vmatrix} 1 & -3 & 0 \\ -1 & 6 & -1 \\ 52 & 1 & 1 \end{vmatrix}}{10} = \frac{(1)(6+1)+(3)(-1+52)}{10} = 16$$

$$y_2^* = \frac{\begin{vmatrix} 1 & 1 & 0 \\ 0 & -1 & -1 \\ 1 & 52 & 1 \end{vmatrix}}{10} = \frac{(1)(-1+52)+(1)(-1+0)}{10} = 5$$

$$y_3^* = \frac{\begin{vmatrix} 1 & -3 & 0 \\ 0 & 6 & -1 \\ 1 & 1 & 52 \end{vmatrix}}{10} = \frac{312+1+3-6}{10} = 31$$

11. $A = \begin{bmatrix} 4 & 3 \\ 1 & 1 \end{bmatrix}$의 역행렬은 $A^{-1} = \begin{bmatrix} 1 & -3 \\ -1 & 4 \end{bmatrix}$이므로

$$\begin{bmatrix} 1 & -3 \\ -1 & 4 \end{bmatrix} \begin{bmatrix} 91 & 66 & 80 & 9 & 72 & 20 \\ 24 & 21 & 25 & 3 & 19 & 5 \end{bmatrix} = \begin{bmatrix} 19 & 3 & 5 & 0 & 15 & 5 \\ 5 & 18 & 20 & 3 & 4 & 0 \end{bmatrix}$$

따라서 암호는 SECRET CODE를 의미한다.

12. $K = \begin{bmatrix} 52 & 17 & 5 & 29 & 4 & 52 & 25 & 29 & 15 & 5 \\ 70 & 21 & 5 & 43 & 4 & 70 & 35 & 33 & 18 & 5 \end{bmatrix}$이다.

확인해 보면

$$A^{\ 1} = \begin{bmatrix} 3 & -2 \\ -1 & 1 \end{bmatrix}$$

이므로

$$\mathbf{A}^{-1}\mathbf{K} = \begin{bmatrix} 16 & 9 & 5 & -14 & 4 & 16 & 5 & 21 & 9 & 5 \\ 18 & 4 & 0 & 19 & 0 & 18 & 10 & 4 & 3 & 0 \end{bmatrix}$$

이를 확인하면 PRIDE AND PREJUDICE가 도출된다.

13. 고윳값의 정의에 의하여 $|\mathbf{A}x - \lambda x| = 0$을 만족하는 λ와 이에 대응하는 고유벡터를 찾아야 한다. 먼저 $|\mathbf{A}x - \lambda x| = 0$으로부터 $\left(\frac{1}{2} - \lambda\right)^2 - \frac{1}{4} = 0$을 얻고, 이에 대한 해는 $\lambda_1 = 1$, $\lambda_2 = 0$임을 쉽게 보일 수 있다. 특성방정식을 통해 얻어진 두 개의 고윳값에 대한 고유벡터를 구하는 과정은 다음과 같다.

고윳값 1에 대응하는 고유벡터를 찾기 위해 $\begin{bmatrix} 1/2 & 1/2 \\ 1/2 & 1/2 \end{bmatrix}\begin{bmatrix} x_1 \\ x_2 \end{bmatrix} = \begin{bmatrix} x_1 \\ x_2 \end{bmatrix}$로부터 나오는 연립방정식을 풀면 $x_1 = x_2$가 됨을 알 수 있다. 따라서 고유벡터는 $\begin{bmatrix} 1 \\ 1 \end{bmatrix}$이다.

이와 동일한 방법으로 고윳값 0에 대응하는 고유벡터를 찾기 위해 $\begin{bmatrix} 1/2 & 1/2 \\ 1/2 & 1/2 \end{bmatrix}\begin{bmatrix} x_1 \\ x_2 \end{bmatrix} = \begin{bmatrix} 0 \\ 0 \end{bmatrix}$로부터 나오는 연립방정식을 풀면 $x_1 = -x_2$가 됨을 알 수 있다. 따라서 고유벡터는 $\begin{bmatrix} 1 \\ -1 \end{bmatrix}$이다.

제5장 행렬의 응용

1. 우선 각 산업분야에서 투입물로 재사용해야 할 산출물의 가치부터 계산하면 다음과 같다.

$$\begin{bmatrix} 0.2 & 0.4 \\ 0.6 & 0.1 \end{bmatrix} \begin{bmatrix} 70{,}000 \\ 80{,}000 \end{bmatrix} = \begin{bmatrix} 46{,}000 \\ 50{,}000 \end{bmatrix}$$

즉 산업 Ⅰ에서 생산한 총산출물 70,000만원 중 46,000만원은 다음 기에 산업 Ⅰ에서 70,000만원, 산업 Ⅱ에서 80,000만원어치의 산출물을 생산해 내기 위해 투입되며, 산업 Ⅱ는 80,000만원어치의 산출물 중 50,000만원어치가 다음 기의 재생산용 투입물로 유보된다. 따라서 소비자가 소비할 수 있는 물량은

$$\begin{bmatrix} 70{,}000 \\ 80{,}000 \end{bmatrix} - \begin{bmatrix} 46{,}000 \\ 50{,}000 \end{bmatrix} = \begin{bmatrix} 24{,}000 \\ 30{,}000 \end{bmatrix}$$

이 된다.

2. (a) $\mathbf{A} = \begin{bmatrix} 0.1 & 0.4 \\ 0.3 & 0.2 \end{bmatrix}$

$$(\mathbf{I}_2 - \mathbf{A})^{-1} = \begin{bmatrix} 0.9 & -0.4 \\ -0.3 & 0.8 \end{bmatrix}^{-1} = \frac{1}{0.72 - 0.12} \begin{bmatrix} 0.8 & 0.4 \\ 0.3 & 0.9 \end{bmatrix} = \begin{bmatrix} \frac{4}{3} & \frac{2}{3} \\ \frac{1}{2} & \frac{3}{2} \end{bmatrix}$$

따라서

$$\mathbf{X}^* = \begin{bmatrix} \frac{4}{3} & \frac{2}{3} \\ \frac{1}{2} & \frac{3}{2} \end{bmatrix} \begin{bmatrix} 42{,}000 \\ 27{,}000 \end{bmatrix} = \begin{bmatrix} 74{,}000 \\ 61{,}500 \end{bmatrix} \qquad \text{(단위 : 억원)}$$

(b) $$\mathbf{X}^* = \begin{bmatrix} \frac{4}{3} & \frac{2}{3} \\ \frac{1}{2} & \frac{3}{2} \end{bmatrix} \begin{bmatrix} (42{,}000)(1.25) \\ 27{,}000 \end{bmatrix} = \begin{bmatrix} 88{,}000 \\ 66{,}750 \end{bmatrix}$$

3. $$(\mathbf{I}_3 - \mathbf{A})^{-1} = \frac{1}{0.384} \begin{bmatrix} 0.66 & 0.30 & 0.24 \\ 0.34 & 0.62 & 0.24 \\ 0.21 & 0.27 & 0.60 \end{bmatrix}$$

$x_1^* = 24.84,\ x_2^* = 20.58,\ x_3^* = 18.36$

4. $$\mathbf{T} = \begin{bmatrix} 0.8 & -0.4 & -0.2 \\ 0 & 0.8 & -0.2 \\ 0 & 0 & 0.9 \end{bmatrix}$$

$|\mathbf{T}| = (0.8)(0.72) = 0.576$

$$\mathbf{X}^* = \frac{1}{0.576} \begin{bmatrix} 0.72 & 0.36 & 0.24 \\ 0 & 0.72 & 0.16 \\ 0 & 0 & 0.64 \end{bmatrix} \begin{bmatrix} 50 \\ 40 \\ 90 \end{bmatrix} = \begin{bmatrix} 125 \\ 75 \\ 100 \end{bmatrix}$$

5. $$\mathbf{I}_n - \mathbf{A} = \mathbf{T} = \begin{bmatrix} 0.9 & -0.2 & -0.2 \\ -0.5 & 1 & 0 \\ -0.2 & -0.3 & 0.4 \end{bmatrix}$$

$|\mathbf{T}| = (-0.2)(0.15 + 0.2) + (0.4)(0.9 - 0.1) = -0.07 + 0.32 = 0.25$

$$|\mathbf{T}_1| = \begin{bmatrix} 130 & -0.2 & -0.2 \\ 250 & 1 & 0 \\ 240 & -0.3 & 0.4 \end{bmatrix} = 135$$

$x_1^* = \dfrac{135}{0.25} = 540$억원이므로, 540억원 − 130억원 = 410억원 정도의 전력이 이 세 산업분야에 투입될 수 있다.

6. $$\mathbf{I} - \mathbf{A} = \mathbf{T} = \begin{bmatrix} 0.7 & -0.4 & 0 \\ 0 & 0.7 & -0.2 \\ -0.5 & 0 & 0.7 \end{bmatrix}$$

$|\mathbf{T}| = (0.7)(0.49) + (0.4)(-0.1) = 0.303$

$$\mathbf{X}^* = \frac{1}{0.303}\begin{bmatrix} 0.49 & 0.28 & 0.08 \\ 0.1 & 0.49 & 0.14 \\ 0.35 & 0.2 & 0.49 \end{bmatrix}\begin{bmatrix} 100 \\ 100 \\ 200 \end{bmatrix} = \begin{bmatrix} 306.9 \\ 287.12 \\ 504.95 \end{bmatrix}$$

7. (a) $[0 \quad 1 \quad 0]\begin{bmatrix} 0.5 & 0.3 & 0.2 \\ 0.1 & 0.7 & 0.2 \\ 0.1 & 0.1 & 0.8 \end{bmatrix}$

$= [0.1 \quad 0.7 \quad 0.2]$: (두 번째 주)

$[0.1 \quad 0.7 \quad 0.2]\begin{bmatrix} 0.5 & 0.3 & 0.2 \\ 0.1 & 0.7 & 0.2 \\ 0.1 & 0.1 & 0.8 \end{bmatrix}$

$= [0.14 \quad 0.54 \quad 0.32]$

따라서 호서주유소를 선택할 확률은 32%가 된다.

(b) $[1 \quad 0 \quad 0]\begin{bmatrix} 0.5 & 0.3 & 0.2 \\ 0.1 & 0.7 & 0.2 \\ 0.1 & 0.1 & 0.8 \end{bmatrix}^2$

$= [0.5 \quad 0.3 \quad 0.2]\begin{bmatrix} 0.5 & 0.3 & 0.2 \\ 0.1 & 0.7 & 0.2 \\ 0.1 & 0.1 & 0.8 \end{bmatrix}$

$= [0.30 \quad 0.38 \quad 0.32]$

따라서 유전주유소를 계속 선호할 확률은 30%이다.

8. 균형점에서(즉, 안정상태에 이른다면)

$$[x_1 \quad x_2 \quad x_3] = [x_1 \quad x_2 \quad x_3]\begin{bmatrix} 0.65 & 0.20 & 0.15 \\ 0.05 & 0.90 & 0.05 \\ 0.10 & 0.10 & 0.80 \end{bmatrix}$$

이 성립하므로 이 관계식을 정리하면

$$x_1 = 0.65x_1 + 0.05x_2 + 0.10x_3$$

$$x_2 = 0.20x_1 + 0.90x_2 + 0.10x_3$$

$$x_3 = 0.15x_1 + 0.05x_2 + 0.80x_3$$

이 되며, 여기에 $x_1 + x_2 + x_3 = 1$을 추가하면 된다.

이 연립방정식의 해를 구하면

$$[x_1^* = 0.158 \quad x_2^* = 0.579 \quad x_3^* = 0.263]$$

이 도출되어 트리뷴지가 가장 큰 어려움에 빠질 것이라는 것을 쉽게 알 수 있다.

9. (a)

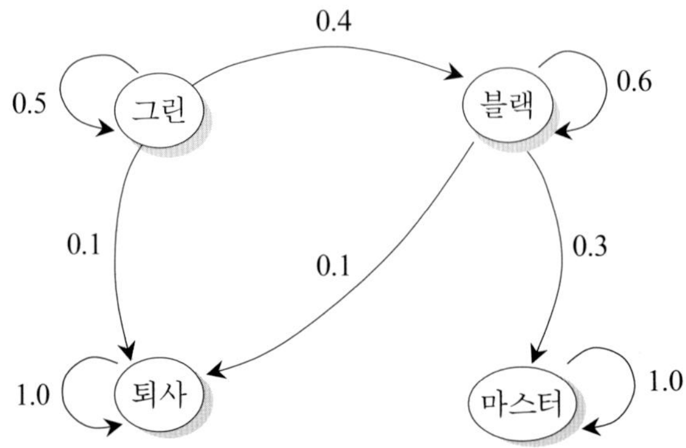

$$\mathbf{P} = \begin{array}{c} \begin{matrix} \text{그린} & \text{블랙} & \text{퇴사} & \text{마스터} \end{matrix} \\ \begin{bmatrix} 0.5 & 0.4 & 0.1 & 0 \\ 0 & 0.6 & 0.1 & 0.3 \\ 0 & 0 & 1 & 0 \\ 0 & 0 & 0 & 1 \end{bmatrix} \end{array} \begin{matrix} \text{그린} \\ \text{블랙} \\ \text{퇴사} \\ \text{마스터} \end{matrix}$$

(b) $\mathbf{S} = [1 \quad 0 \quad 0 \quad 0]$

1년 후에는

$$\mathbf{SP}^2 = \begin{array}{c} \begin{matrix} \text{그린} & \text{블랙} & \text{퇴사} & \text{마스터} \end{matrix} \\ [\,0.25 \quad 0.44 \quad 0.19 \quad 0.12\,] \end{array}$$

따라서 답은 0.44이다.

(c) $\mathbf{SP}^4 = [\,0.0625 \quad 0.2684 \quad 0.3079 \quad 0.3612\,]$

따라서 답은 0.3612이다(2년 동안 4번 평가하므로).

10. 상태 1과 상태 2에서 p와 b로 종결될 확률을 계산해 보면 다음과 같다.

$$\begin{array}{c} \\ 1 \\ 2 \end{array}\begin{array}{c} \quad p \qquad\quad b \\ \begin{bmatrix} 0.85 & 0.15 \\ 0.50 & 0.50 \end{bmatrix} \end{array}$$

따라서

$$[4,000 \quad 6,000]\begin{bmatrix} 0.85 & 0.15 \\ 0.50 & 0.50 \end{bmatrix} = [6,400 \quad 3,600]$$

총 1억원 중 6,400만원만이 현금으로 회수된다.

11. (a) 엑셀로 구성한 그림표는 다음과 같다.

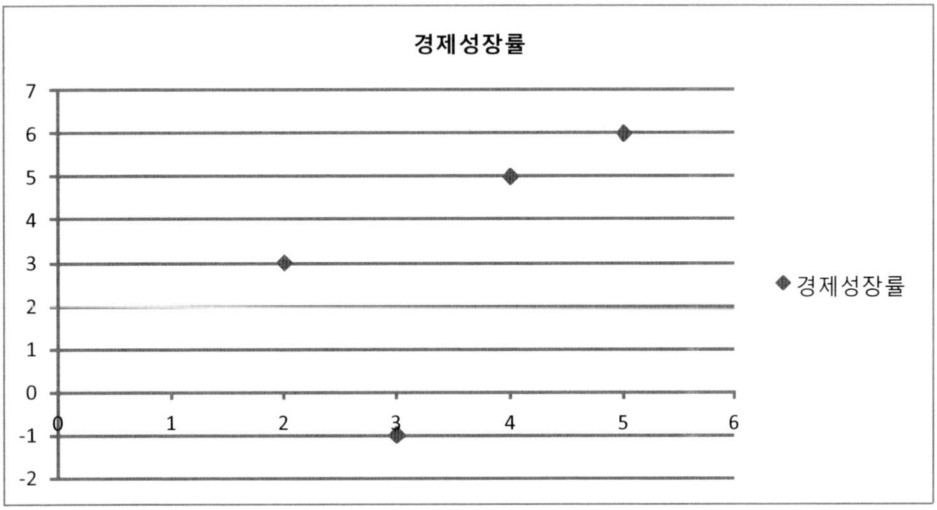

(b) 엑셀 기능에서 데이터분석(통계모듈)을 이용하여 간단히 계산하면 다음과 같은 표를 구축할 수 있다. 실제 계산기나 식을 이용하여 계산하는 것은 기본 수식의 이해에 필요한 것이지 실제 계산은 엑셀을 활용하는 것이 보통이다.

분산/공분산행렬

	에너지증가율	경제성장률
에너지증가율	1.25	
경제성장률	1.875	7.1875

$$S = \begin{array}{c} \\ \text{에너지증가율} \\ \text{경제성장률} \end{array} \begin{array}{c} \begin{array}{cc} \text{에너지증가율} & \text{경제성장률} \end{array} \\ \begin{bmatrix} 1.25 & 1.875 \\ 1.875 & 7.1875 \end{bmatrix} \end{array}$$

(c) 엑셀 기능에서 데이터분석(통계모듈)을 이용하면 다음과 같은 표를 구축할 수 있다. 상관계숫값은 0.6255432이다.

상관계수행렬		
	에너지증가율	경제성장률
에너지증가율	1	
경제성장률	0.625543242	1

12. (a) 엑셀 기능에서 데이터분석(통계모듈)을 이용하면 다음과 같은 표를 구축할 수 있다.

분산/공분산		
	가계소득	보험가입액
가계소득	763.22222	
보험가입액	1272.2222	2355.555556

$$S = \begin{array}{c} \\ \text{가계소득} \\ \text{보험가입액} \end{array} \begin{array}{c} \begin{array}{cc} \text{가계소득} & \text{보험가입액} \end{array} \\ \begin{bmatrix} 763.222 & 1272.222 \\ 1272.222 & 2355.556 \end{bmatrix} \end{array}$$

(b) 엑셀 기능에서 데이터분석(통계모듈)을 이용하면 다음과 같은 표를 구축할 수 있다. 상관계숫값은 0.9488352가 된다.

상관계수		
	가계소득	보험가입액
가계소득	1	
보험가입액	0.9488352	1

13. (a)

	진열면적	매상고
진열면적	5.484375	
매상고	189.84375	8398.4375

$$S = \begin{matrix} & \text{진열면적} & \text{매상고} \\ \text{진열면적} & 5.484 & 189.844 \\ \text{매상고} & 189.844 & 8398.438 \end{matrix}$$

(b)

	진열면적	매상고
진열면적	1	
매상고	0.8845726	1

$$R = \begin{matrix} & \text{진열면적} & \text{매상고} \\ \text{진열면적} & 1 & 0.885 \\ \text{매상고} & 0.885 & 1 \end{matrix}$$

14. 이런 복잡한 문제는 엑셀 기능에서 데이터분석(통계모듈)을 이용하면 손쉽게 다음과 같은 표를 구축할 수 있다.

분산,공분산	x1	x2	x3
x1	1.36		
x2	2.2	14	
x3	0.04	0.8	0.56

상관계수	x1	x2	x3
x1	1		
x2	0.504184173	1	
x3	0.045834925	0.285714286	1

$$S = \begin{matrix} & x_1 & x_2 & x_3 \\ x_1 & 1.36 & 2.2 & 0.04 \\ x_2 & 2.2 & 14 & 0.8 \\ x_3 & 0.04 & 0.8 & 0.56 \end{matrix}$$

$$R = \begin{matrix} & x_1 & x_2 & x_3 \\ x_1 & 1 & 0.504 & 0.046 \\ x_2 & 0.504 & 1 & 0.286 \\ x_3 & 0.046 & 0.286 & 1 \end{matrix}$$

15. 엑셀 기능에서 데이터분석(통계모듈)을 이용하면 손쉽게 다음 표가 도출된다.

분산,공분산	시청시간	나이	교육수준
시청시간	0.024722222		
나이	-0.161111111	7.888888889	
교육수준	-0.222222222	-3.055555556	7.888888889

상관계수	시청시간	나이	교육수준
시청시간	1		
나이	-0.364815952	1	
교육수준	-0.503194417	-0.387323944	1

(a)
$$\mathbf{S}= \begin{matrix} & x_1 & x_2 & x_3 \\ x_1 & 0.0247 & -0.1611 & -0.2222 \\ x_2 & -0.1611 & 7.8889 & -3.0556 \\ x_3 & -0.2222 & -3.0556 & 7.8889 \end{matrix}$$

(b)
$$\mathbf{R}= \begin{matrix} & x_1 & x_2 & x_3 \\ x_1 & 1 & -0.365 & -0.503 \\ x_2 & -0.365 & 1 & -0.387 \\ x_3 & -0.503 & -0.387 & 1 \end{matrix}$$

제 6 장 선형계획법

1. $x_1 =$ TV 광고횟수

$x_2 =$ 라디오 광고횟수

$x_3 =$ 신문 광고횟수

최대화 $Z = 20,000x_1 + 12,000x_2 + 9,000x_3$

제약조건 : $500x_1 + 150x_2 + 100x_3 \le 3,000$

$x_1 \le 4,\ x_2 \le 10,\ x_3 \le 7$

$x_1 + x_2 + x_3 \le 15$

$x_i \ge 0,\ i = 1,\ 2,\ 3$

2. $x_1 =$ 밀의 함유량

$x_2 =$ 귀리의 함유량

$x_3 =$ 쌀의 함유량

최소화 $Z = 50x_1 + 100x_2 + 120x_3$

제약조건 : $10x_1 + 20x_2 + 8x_3 \ge 100$

$7x_1 + 14x_2 + 12x_3 \ge 70$

$x_i \ge 0,\ i = 1,\ 2,\ 3$

3. 이 문제를 해결하기 위해서 x_{ij}는 직원 i를 부서 j에 배정하는 경우를 나타내며, 1 아니면 0의 값을 취한다고 하자.

최소화 $Z = 130x_{1a} + 150x_{1b} + 90x_{1c} + 275x_{2a} + 300x_{2b} + 100x_{2c}$

$+ 180x_{3a} + 225x_{3b} + 140x_{3c} + 200x_{4a} + 120x_{4b} + 160x_{4c}$

제약조건 : $x_{1a}+x_{1b}+x_{1c}\leq 1$

$x_{2a}+x_{2b}+x_{2c}\leq 1$

$x_{3a}+x_{3b}+x_{3c}\leq 1$

$x_{4a}+x_{4b}+x_{4c}\leq 1$

$x_{1a}+x_{2a}+x_{3a}+x_{4a}=1$

$x_{1b}+x_{2b}+x_{3b}+x_{4b}=1$

$x_{1c}+x_{2c}+x_{3c}+x_{4c}=1$

단, 모든 변수는 0보다 크거나 같음.

4. x_{ij}=공장 i를 이용하여 등급 j의 알루미늄을 생산할 때 소요되는 시간

최소화 $Z=600(x_{11}+x_{12}+x_{13})+700(x_{21}+x_{22}+x_{23})$

제약조건 : $6x_{11}+2x_{21}\geq 12$

$4x_{12}+2x_{22}\geq 8$

$2x_{13}+10x_{23}\geq 5$

$x_{ij}\geq 0,\ i=1,\ 2;\ j=1,\ 2,\ 3$

5. x_{ij}=등급 i의 휘발유에 포함된 혼합물 j의 물량

최대화 $Z=12{,}000[x_{11}+x_{12}+x_{13}]+18{,}000[x_{21}+x_{22}+x_{23}]$

$+10{,}000[x_{31}+x_{32}+x_{33}]-9{,}000[x_{11}+x_{21}+x_{31}]$

$-7{,}000[x_{12}+x_{22}+x_{32}]-12{,}000[x_{13}+x_{23}+x_{33}]$

제약조건 : $x_{11}+x_{21}+x_{31}\leq 5{,}000$

$x_{12}+x_{22}+x_{32}\leq 2{,}400$

$x_{13}+x_{23}+x_{33}\leq 4{,}000$

$$\frac{x_{11}}{x_{11}+x_{12}+x_{13}}\geq 0.4\Rightarrow 0.6x_{11}\geq 0.4[x_{12}+x_{13}]$$

$$\frac{x_{12}}{x_{11}+x_{12}+x_{13}}\leq 0.2\Rightarrow 0.8x_{12}\leq 0.2[x_{11}+x_{12}]$$

$$\frac{x_{13}}{x_{11}+x_{12}+x_{13}} \geq 0.3 \Rightarrow 0.7x_{13} \geq 0.3[x_{11}+x_{12}]$$

$$\frac{x_{23}}{x_{21}+x_{22}+x_{23}} \geq 0.4 \Rightarrow 0.6x_{23} \geq 0.4[x_{21}+x_{22}]$$

$$\frac{x_{32}}{x_{31}+x_{32}+x_{33}} \leq 0.5 \Rightarrow 0.5x_{32} \leq 0.5[x_{31}+x_{33}]$$

$$\frac{x_{31}}{x_{31}+x_{32}+x_{33}} \geq 0.1 \Rightarrow 0.9x_{31} \geq 0.1[x_{32}+x_{33}]$$

$$x_{ij} \geq 0,\ i=1,\ 2,\ 3;\ j=1,\ 2,\ 3$$

6. 이 문제를 해결하기 위해서는 우선 변수를 다음과 같이 정의한다.

$x_i = i$ 번째 요일에 5일 근무를 시작하는 정규직근로자 수

$y_i = i$ 번째 요일에 5일 근무를 시작하는 계약직근로자 수

최소화 $Z = (15)(8)(x_1+x_2+x_3+x_4+x_5+x_6+x_7)$

$+ (10)(4)(y_1+y_2+y_3+y_4+y_5+y_6+y_7)$

제약조건 :

월요일 $(8)(x_1+x_4+x_5+x_6+x_7)+(4)(y_1+y_4+y_5+y_6+y_7) \geq (8)(17)$

화요일 $(8)(x_1+x_2+x_5+x_6+x_7)+(4)(y_1+y_2+y_5+y_6+y_7) \geq (8)(13)$

수요일 $(8)(x_1+x_2+x_3+x_6+x_7)+(4)(y_1+y_2+y_3+y_6+y_7) \geq (8)(15)$

목요일 $(8)(x_1+x_2+x_3+x_4+x_7)+(4)(y_1+y_2+y_3+y_4+y_7) \geq (8)(19)$

금요일 $(8)(x_1+x_2+x_3+x_4+x_5)+(4)(y_1+y_2+y_3+y_4+y_5) \geq (8)(14)$

토요일 $(8)(x_6+x_2+x_3+x_4+x_5)+(4)(y_6+y_2+y_3+y_4+y_5) \geq (8)(16)$

일요일 $(8)(x_6+x_7+x_3+x_4+x_5)+(4)(y_6+y_7+y_3+y_4+y_5) \geq (8)(11)$

(4시간)(5일)$(y_1+y_2+y_3+y_4+y_5+y_6+y_7) \leq$

$(17+13+15+19+14+16+11)(8)(0.25)$

(단, 모든 $x_i,\ y_i \geq 0$)

7. 이 문제는 가로 30cm, 세로 90cm인 원단을 몇 장이나 투입해서 어떤 패턴으로 재단할 것인가를 생각하면 다소 쉬워진다.

패턴구분	1	2	3	4	5
A	1	1	0	0	0
B	1	0	2	1	0
C	0	1	0	1	3
자투리	0	10	10	20	0

예를 들어 패턴 1을 이용하여 가로 30cm, 세로 90cm인 원단을 재단하면 제품 A 1장, 제품 B 1장을 만들 수 있다. X_i를 패턴 i를 이용하여 재단하는 가로 30cm, 세로 90cm인 원단 장수라 한다면 수학적 모형은 다음과 같다. 이 문제의 답을 구할 수 있다면 각 패턴별로 재단해야 하는 원단의 크기가 도출될 것이다.

최소화 $Z = 0X_1 + 10X_2 + 10X_3 + 20X_4 + 0X_5$ (자투리 양)

제약조건 : $X_1 + X_2 \geq 100$ (A의 주문량)

$X_1 + 2X_3 + X_4 \geq 200$ (B의 주문량)

$X_2 + X_4 + 3X_5 \geq 150$ (C의 주문량)

$X_i \geq 0,\ i = 1,\ 2,\ 3,\ 4,\ 5$

8. 우선 다음과 같은 그림을 통해 각 의사결정변수를 정의하는 것이 중요하다.

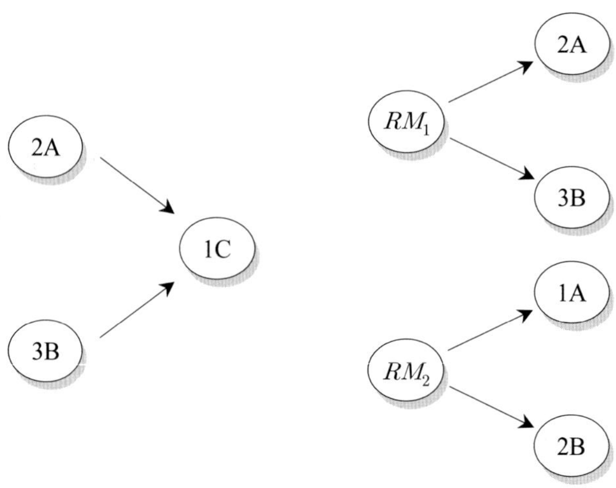

최대화 $Z = (5{,}000)A + (4{,}000)B + (25{,}000)C - (6{,}000)RM_1 - (3{,}000)RM_2$
$- (5{,}000)C$

제약조건 : 원자재 1과 2를 각각 RM_1, RM_2개만큼 가공한다면 제품 A와 B는 각각 다음만큼 생산된다.

$$x_A = 2RM_1 + 1RM_2,\ x_B = 3RM_1 + 2RM_2$$

제품 C를 x_C개만큼 생산하려면 제품 A는 최소한 $2x_C$개, 제품 B는 최소 $3x_C$개가 필요하므로 제약식은 다음과 같다.

$$x_A = 2RM_1 + 1RM_2$$
$$x_B = 3RM_1 + 2RM_2$$
$$x_A \geq 2x_C$$
$$x_B \geq 3x_C$$

판매가능량을 고려하면

순수하게 제품 A의 판매량 : $x_A - 2x_C \leq 30$

순수하게 제품 B의 판매량 : $x_B - 3x_C \leq 20$

제품 C의 판매량 : $x_C \leq 20$

단, 모든 변수는 0보다 크거나 같음.

9. 이 문제를 해결하기 위해서는 다음과 같이 변수를 정의한다.

$x_{ij} = i$에서 j로 보내는 물량

최소화 $Z = 3x_{13} + 4x_{14} + 5x_{12} + 2x_{34} + 8x_{25} + 7x_{45}$

제약조건 : $5 = x_{13} + x_{14} + x_{12}$

$$x_{12} = x_{25}$$
$$x_{13} = x_{34}$$
$$x_{34} + x_{14} = x_{45}$$
$$x_{45} + x_{25} = 5$$

단, 모든 변수는 0보다 크거나 같음.

10. 이 문제를 해결하기 위해서 x_{ij}는 심판 i를 도시 j에 배정하는 경우를 나타내며, 1 아니면 0의 값을 취한다고 하자.

최소화 $Z = 210x_{1a} + 90x_{1b} + 180x_{1c} + 160x_{1d}$

$+ 100x_{2a} + 70x_{2b} + 130x_{2c} + 200x_{2d}$

$+ 175x_{3a} + 105x_{3b} + 140x_{3c} + 170x_{3d}$

$+ 80x_{4a} + 65x_{4b} + 105x_{4c} + 120x_{4d}$

제약조건 : $x_{1a} + x_{1b} + x_{1c} + x_{1d} = 1$

$x_{2a} + x_{2b} + x_{2c} + x_{2d} = 1$

$x_{3a} + x_{3b} + x_{3c} + x_{3d} = 1$

$x_{4a} + x_{4b} + x_{4c} + x_{4d} = 1$

$x_{1a} + x_{2a} + x_{3a} + x_{4a} = 1$

$x_{1b} + x_{2b} + x_{3b} + x_{4b} = 1$

$x_{1c} + x_{2c} + x_{3c} + x_{4c} = 1$

$x_{1d} + x_{2d} + x_{3d} + x_{4d} = 1$

단, 모든 변수는 0보다 크거나 같음.

11. 이 문제를 해결하기 위해서 x_{ij}는 선수 j를 경기 i에 배정하는 경우를 나타내며, 1 아니면 0의 값을 취한다고 하자.

최소화 $Z = 37.7x_{1a} + 32.9x_{1b} + 33.8x_{1c} + 37.0x_{1d}$

$+ 43.4x_{2a} + 33.1x_{2b} + 42.2x_{2c} + 34.7x_{2d}$

$+ 33.3x_{3a} + 28.5x_{3b} + 38.9x_{3c} + 30.4x_{3d}$

제약조건 : $x_{1a} + x_{1b} + x_{1c} + x_{1d} = 1$

$x_{2a} + x_{2b} + x_{2c} + x_{2d} = 1$

$x_{3a} + x_{3b} + x_{3c} + x_{3d} = 1$

$x_{1a} + x_{2a} + x_{3a} \leq 1$

$x_{1b} + x_{2b} + x_{3b} \leq 1$

$x_{1c} + x_{2c} + x_{3c} \leq 1$

$x_{1d} + x_{2d} + x_{3d} \leq 1$

단, 모든 변수는 0보다 크거나 같음.

12. 최소화 $Z = 7x_{1A} + 12x_{1B} + 12x_{1C} + 4x_{2A} + 1x_{2B} + 10x_{2C} + 6x_{3A} + 2x_{3B} + 9x_{3C}$

제약조건 : 공급 $x_{1A} + x_{1B} + x_{1C} \leq 40$ (인천)

$x_{2A} + x_{2B} + x_{2C} \leq 20$ (구미)

$x_{3A} + x_{3B} + x_{3C} \leq 30$ (마산)

수요 $x_{1A} + x_{2A} + x_{3A} \geq 30$ (광주)

$x_{1B} + x_{2B} + x_{3B} \geq 20$ (대구)

$x_{1C} + x_{2C} + x_{3C} \geq 40$ (강릉)

$x_{ij} \geq 0,\ i = 1, 2, 3,\ j = A, B, C$

13. 이 문제를 해결하기 위해서는 다음과 같이 변수를 정의한다.

x_{ij}= 재생지 j 생산에 투입되는 폐지 유형 i의 양

투입폐지유형	재생신문지	재생코팅	재생무코팅	폐지구입가능량
신문폐지	3,000	4,000		500
코팅폐지	–	3,000	5,000	300
무코팅폐지	4,000	–	1,000	200
재생지 생산요구량	250/0.8	300/0.9	150/0.85	

최소화 $Z = 3{,}000x_{11} + 4{,}000x_{12} + 3{,}000x_{22} + 5{,}000x_{23} + 4{,}000x_{31} + 1{,}000x_{33}$

제약조건 : 폐지공급량 고려 $x_{11} + x_{12} \leq 500$

$x_{22} + x_{23} \leq 300$

$x_{11} + x_{13} \leq 200$

생산수율의 고려 $x_{11} + x_{31} \geq 250/0.8$

$x_{12} + x_{22} \geq 300/0.9$

$x_{23} + x_{33} \geq 150/0.85$

단, 모든 변수는 0보다 크거나 같음.

14. x_i를 작업 i를 시작할 수 있는 가장 빠른 시간이라 가정하고, $x_A = 0$으로 설정한다.

제약조건 : $x_A + 10 \le x_B$

$x_A + 10 \le x_C$

$x_B + 8 \le x_D$

$x_C + 5 \le x_D$

$x_C + 5 \le x_E$

$x_D + 3 \le x_F$

$x_E + 8 \le x_F$

최소화 : $Z = x_F + 5$

이 문제를 풀면 $Z^* = 23 + 5 = 28$

작업 A, C, E, F는 지연되면 안 된다.

15. $x_A = x_B = 0$으로 설정한다.

제약조건 : $x_A + 3 \le x_C$

$x_A + 3 \le x_D$

$x_B + 5 \le x_D$

$x_C + 4 \le x_E$

$x_D + 6 \le x_F$

$x_E + 5 \le x_F$

$x_F + 5 \le X_{마무리}$

최소화 : $Z = X_{마무리}$

프로젝트 완성에 소요되는 최소시간인 $X_{마무리}$는 17주이다. 그리고 작업 A, C, E, F는 지연되면 안 된다.

16.

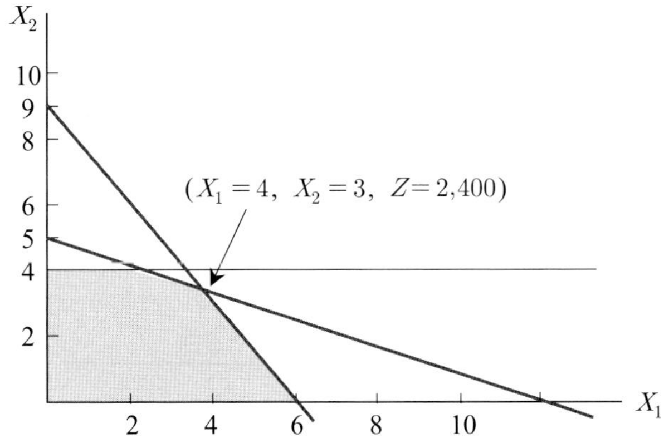
X_2
10
9
8
6
5
4
2
$(X_1 = 4,\ X_2 = 3,\ Z = 2{,}400)$
2
4
6
8
10
X_1

17.

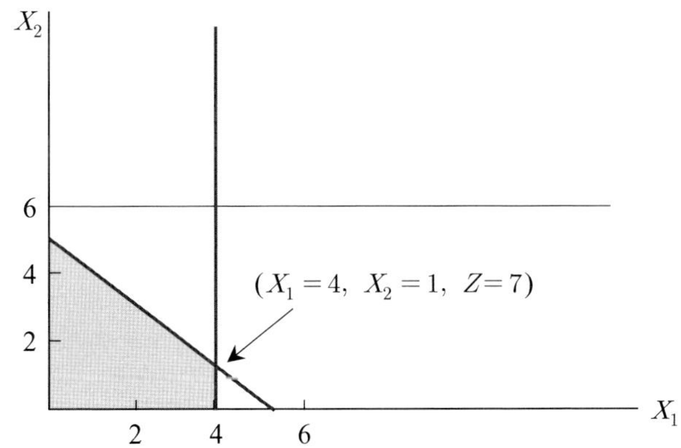
X_2
6
4
2
$(X_1 = 4,\ X_2 = 1,\ Z = 7)$
2
4
6
X_1

18.

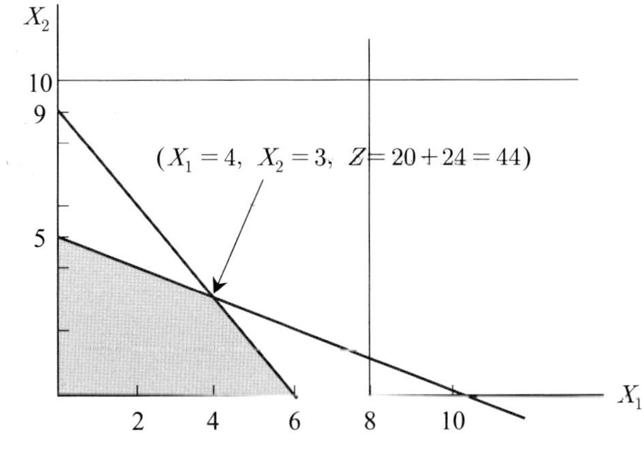
X_2
10
9
5
$(X_1 = 4,\ X_2 = 3,\ Z = 20 + 24 = 44)$
2
4
6
8
10
X_1

19.

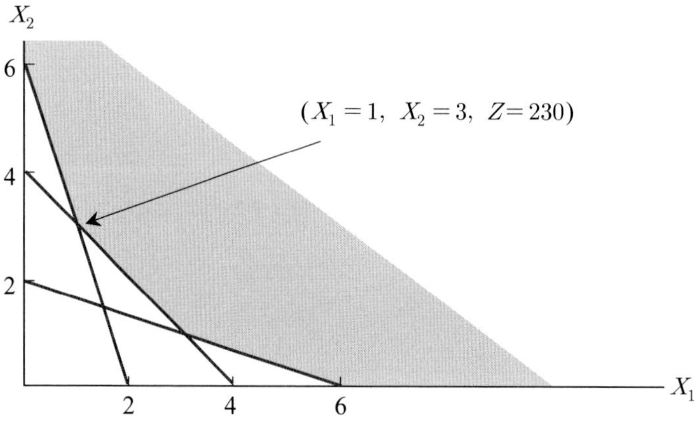

20.

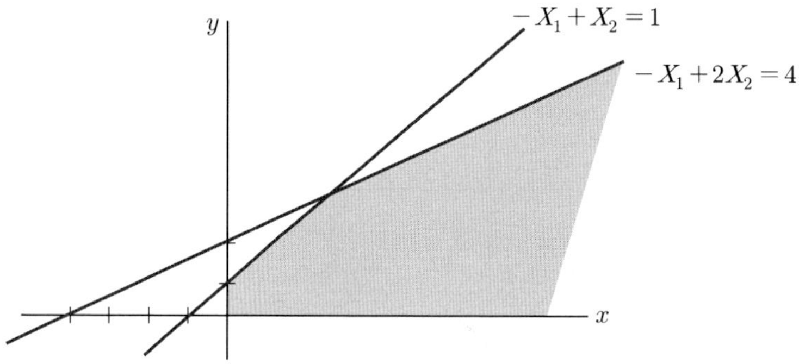

이 그림에서 알 수 있듯이 오른쪽으로 가면 갈수록 목적함숫값이 커지므로 결과적으로 최적해가 존재할 수가 없다. 실행가능해는 존재하지만 목적함숫값이 무한대로 증가하거나 감소하는 선형계획모형 문제를 unbounded 문제라 부른다.

21. 실행가능해도 존재하고 최적해도 존재하는데, 다만 최적해의 개수가 무수히 많은 경우를 말한다. 그림에서 알 수 있듯이 실행가능영역을 싸고 있는 제약식과 목적함수의 계수가 일치하는 경우 이런 유형의 문제가 발생한다.

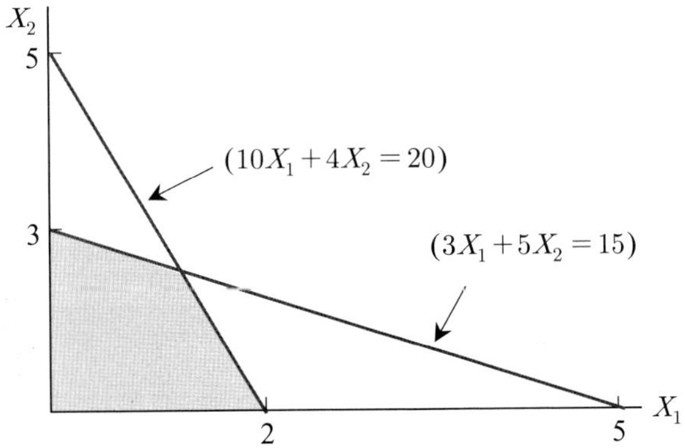

22. (a)

	C_j	4	5	0	0	
C_j	기저변수	X_1	X_2	S_1	S_2	해
0	S_1	1	2	1	0	40
0	S_2	4	3	0	1	120
	Z_j	0	0	0	0	0
	$C_j - Z_j$	4	5	0	0	

(b) S_2

(c)

C_j	4	5	0	0	
기저변수	X_1	X_2	S_1	S_2	
X_2	0	1	4/5	−1/5	8
X_1	1	0	−3/5	2/5	24
Z_j	4	5	8/5	3/5	136
$C_j - Z_j$	0	0	−8/5	−3/5	

23. (a) X_1과 X_2

(b)

	X_1	X_2	S_1	S_2	S_3	해
X_1	1	2/3	1/30	0	0	4
S_2	0	2/3	−2/30	1	0	1
S_3	0	10/3	−4/30	0	1	8
Z_j	10	20/3	10/30	0	0	40
$C_j - Z_j$	0	4/3	−10/30	0	0	

24.

C_j	기저변수	X_1	X_2	X_3	S_1	S_2	S_3	해
	C_j	100	20	60	0	0	0	
0	S_1	③	5	0	1	0	0	60
0	S_2	2	2	2	0	1	0	100
0	S_3	0	0	1	0	0	1	40
C_j-Z_j		100	20	60	0	0	0	0

C_j	기저변수	X_1	X_2	X_3	S_1	S_2	S_3	해
100	X_1	1	5/3	0	1/3	0	0	20
0	S_2	0	−4/3	②	−2/3	1	0	60
0	S_3	0	0	1	0	0	1	40
C_j-Z_j		0	−440/3	60	−100/3	0	0	2,000

C_j	기저변수	X_1	X_2	X_3	S_1	S_2	S_3	해
100	X_1	1	5/3	0	1/3	0	0	20
60	X_3	0	−2/3	1	−1/3	1/2	0	30
0	S_3	0	2/3	0	1/3	−1/2	1	10
C_j-Z_j		0	−320/3	0	−40/3	−30	0	2,800

25. (a)

C_j	기저변수	X_1	X_2	S_1	S_2	A_1	A_2	해
	C_j	400	200	0	0	$-M$	$-M$	
$-M$	A_1	1	1	0	0	1	0	30
$-M$	A_2	2	8	−1	0	0	1	80
0	S_2	1	0	0	1	0	0	20
Z_j		$-3M$	$-9M$	M	0	$-M$	$-M$	$-110M$
C_j-Z_j		$400+3M$	$200+9M$	$-M$	0	0	0	

(b)

C_j	기저변수	X_1	X_2	S_1	S_2	해
0	S_1	0	0	1	−6	400
200	X_2	0	1	0	−1	10
400	X_1	1	0	0	1	20
C_j-Z_j		0	0	0	−200	10,000

26. (a) 최소화 $Z = 6X_1 + 3X_2 + 0S_1 + 0S_2 + MA_1 + MA_2$

제약조건 : $2X_1 + 4X_2 - S_1 + A_1 = 16$

$4X_1 + 3X_2 - S_2 + A_2 = 24$

$X_1,\ X_2,\ S_1,\ S_2,\ A_1,\ A_2 \geq 0$

심플렉스표는 문제 (b)에 수록되어 있음

(b)

	C_j	6	3	0	0	M	
C_j	기저변수	X_1	X_2	S_1	S_2	A_2	해
3	X_2	1/2	1	$-1/4$	0	0	4
M	A_2	5/2	0	3/4	-1	1	12
	Z_j	$\frac{5}{2}M + \frac{3}{2}$	3	$-\frac{3}{4} + \frac{3}{4}M$	$-M$	M	$12M + 12$
	$Z_j - C_j$	$\frac{5}{2}M - \frac{9}{2}$	0	$-\frac{3}{4} + \frac{3}{4}M$	$-M$	0	

	C_j	1	5	0	0	0	$-M$	
C_j	기저변수	X_1	X_2	S_1	S_2	S_3	A_1	해
M	A_1	5	5	-1	0	0	1	25
0	S_2	2	④	0	1	0	0	16
0	S_3	1	0	0	0	1	0	5
	Z_j	$-5M$	$-5M$	M	0	0	$-M$	$-25M$
	$C_j - Z_j$	$5M+1$	$5M+5$	$-M$	0	0	0	

C_j	기저변수	X_1	X_2	S_1	S_2	S_3	A_1	해
M	A_1	5/2	0	-1	$-5/4$	0	1	5
5	X_2	1/2	1	0	1/4	0	0	4
0	S_3	1	0	0	0	1	0	5
	$C_j - Z_j$	$\frac{5}{2}M - \frac{3}{2}$	0	$-M$	$\frac{5}{4}M - \frac{5}{4}$	0	0	$-5M+20$

C_j	기저변수	X_1	X_2	S_1	S_2	S_3	해
1	X_1	1	0	$-2/5$	$-1/2$	0	2
5	X_2	0	1	1/5	1/2	0	3
0	S_3	0	0	2/5	1/2	1	3
	$C_j - Z_j$	0	0	$-\frac{3}{5}$	-2	0	17

27. 최종 심플렉스표

C_j	기저변수	X_1	X_2	S_1	S_2	해
4	X_1	1	0	0	1/9	2
5	X_2	0	1	0	0	3
0	S_1	0	0	1	2/9	2
C_j-Z_j		0	0	0	−4/9	23

28. (a) 1.6

(b) 0.6

(c) 조립공정의 한계가치가 1.6으로 포장공정의 한계가치인 0.6보다 크므로 조립공정부터 늘린다.

29. (a) 1.0714

(b) 1.7857

(c) 코팅의 생산능력을 추가한다.

(d) 스탬핑 공정의 잠재가격이 1.0714<2.0이므로 증대시킬 필요가 없다.

(e) 코팅 공정의 잠재가격=1.7857>1.0=실제비용, 따라서 증가시키는 것이 이익을 증대시킨다.

30. (a) 옥수수 : 15, 콩 : 0

(b) 옥수수의 한계가치(잠재가격)가 더 크기 때문에 옥수수를 구입해야 한다. 콩은 지금도 보유재고를 다 소진하지 못하고 있다.

제7장 미분법

1. (a) $\lim_{x \to -1^-} f(x) = \lim_{x \to -1^+} f(x) = 6$

(b) $\lim_{x \to -1^-} \sqrt{x+10} = \sqrt{9} = 3$

$\lim_{x \to -1^+} \sqrt{x+10} = \sqrt{9} = 3$

(c) $\lim_{x \to -1^-} \dfrac{2(x^2-1)}{x+1} = \lim_{x \to -1^-} 2(x-1) = -4$

$\lim_{x \to -1^+} \dfrac{2(x^2-1)}{x+1} = -4$

(d) $\lim_{x \to -1} f(x) = 6$

$\lim_{x \to -1^+} f(x) = 4$

(e) $\lim_{x \to -1^-} f(x) = \lim_{x \to -1^-} \dfrac{1}{2}x^2 = \dfrac{1}{2}$

$\lim_{x \to -1^+} f(x) = \lim_{x \to -1^+} 2^x = \dfrac{1}{2}$

2. (a) $\lim_{x \to 0^-} f(x) = \lim_{x \to 0^+} f(x) = 0$

(b) $\lim_{x \to 0^-} f(x) = \lim_{x \to 0^+} f(x) = 5^4 = 625$

(c) $\lim_{x \to 0^-} f(x) = \lim_{x \to 0^-} (x^2+3) = 3$

$\lim_{x \to 0^+} f(x) = \lim_{x \to 0^+} (-x) = 0$

3. (a) 연속함수, $\lim_{x \to -3} (x^2 - 3) = 6$

(b) 연속함수, $\lim_{x \to -3} \sqrt{1-5x} = 4$

(c) $\lim_{x \to -3^-} f(x) = \lim_{x \to -3^-} (3 + x^2) = 12$

$\lim_{x \to -3^+} f(x) = \lim_{x \to -3^+} (2x + 1) = -5$

연속함수도 아니며 극값도 존재하지 않는다.

(d) 연속함수 : $\lim_{x \to -3} f(x) = 3$

(e) $x = -3$일 때 $f(x)$가 정의될 수 없으므로 연속함수는 아님. 그러나

$$\lim_{x \to -3} f(x) = \lim_{x \to -3} \frac{(x+1)(x+3)}{x+3} = -2$$

(f) $x = -3$일 때 $f(x)$는 불연속임

$$\lim_{x \to -3} \frac{x^2 + 4x + 3}{x + 3} = \lim_{x \to -3} (x + 1) = -2$$

(g) 연속함수 $\lim_{x \to -3^-} f(x) = \lim_{x \to -3^-} (x + 4) = 1$

$\lim_{x \to -3^+} f(x) = \lim_{x \to -3^+} (10 - x^2) = 1$

따라서 $\lim_{x \to -3} f(x) = 1$

4. (a) 연속함수 $\lim_{x \to 1^-} f(x) = \lim_{x \to 1^-} x = 1$

$\lim_{x \to 1^+} f(x) = \lim_{x \to 1^+} x^2 = 1$

따라서 $\lim_{x \to -1} f(x) = 1$

(b) 함수 $f(x)$는 $x = 1$에서 불연속이나

$$\lim_{x \to 1} f(x) = \lim_{x \to 1} \frac{(x-1)(x+4)}{x-1} = \lim_{x \to 1} (x + 4) = 5$$

(c) 연속함수가 아님

$\lim_{x \to 1^-} f(x) = \lim_{x \to 1^-} 2x^2 = 2$

$\lim_{x \to 1^+} f(x) = \lim_{x \to 1^+} 4 = 4$

따라서 $\lim_{x \to 1} f(x)$는 존재하지 않음

(d) 연속함수 $\lim_{x \to 1} f(x) = 1$

5. (a) $\lim_{x \to a}(3x^2 + 2ax + a^2) = 6a^2$

(b) $\lim_{x \to a}(x^3 + ax^2 + a^2x + a^3) = 4a^3$

(c) $\lim_{x \to a} \frac{2x^2 - 2a^2}{x - a} = \lim_{x \to a} \frac{2(x+a)(x-a)}{x-a} = 4a$

(d) $\lim_{x \to a} \frac{\frac{1}{x} - \frac{1}{a}}{x - a} = \lim_{x \to a} \frac{\frac{a-x}{ax}}{x-a} = -\lim_{x \to a} \frac{1}{ax} = -a^{-2}$

6. (a) $m(x) \begin{cases} \frac{f(x) - f(1)}{x-1} = \frac{x^2+1-2}{x-1} = \frac{x^2-1}{x-1} & (x < 1) \\ \frac{f(x) - f(1)}{x-1} = \frac{2x-2}{x-1} = 2 & (x > 1) \end{cases}$

(b) $\lim_{x \to 1^-} m(x) = \lim_{x \to 1^-} \frac{x^2-1}{x-1} = \lim_{x \to 1^-}(x+1) = 2$

$\lim_{x \to 1^+} m(x) = \lim_{x \to 1^+} \frac{2(x-1)}{x-1} = 2$

(c) 미분가능함

7. (a) $x = -2,\ 2,\ 6$

(b) $x = 0$

(c) $x = 1,\ \frac{3}{2},\ \frac{5}{4}$

(d) $x = -7,\ -4.3,\ -2.5$

8. (a) $f'(x) = -10x(6-x^2)^4$

(b) $g'(x) = -240x^3(3x^4+2)^{-21}$

(c) $V'(t) = -(5t+t^2)^{-3/2}(5+2t)$

(d) $R'(x) = \frac{1}{9}(2x)^{-2/3}$

(e) $g'(x) = 12(x+1)(2x-3)^5 + (2x-3)^6 = (14x+9)(2x-3)^5$

(f) $V'(s) = \frac{s[84s(6s^2+22)^6] - (6s^2+22)^7}{s^2} = \frac{(78s^2-22)(6s^2+22)^6}{s^2}$

9. (a) $\frac{dy}{dx} = 5(8x^3+x)^4(24x^2+1)$

(b) $\frac{dy}{dx} = 17(3-x)^{16}(-1) = 17(3-x)^{16}$

(c) $\frac{dy}{dx} = -21(x^3-1)^{-4}(3x^2) = -63x^2(x^3-1)^{-4}$

(d) $\frac{dy}{dx} = 6\left(x+\frac{1}{x}\right)^5(1-x^{-2})$

(e) $\frac{dy}{dx} = \frac{1}{2}(3x^2+x+1)^{-\frac{1}{2}}(6x+1)$

(f) $y'(x) = \frac{(-1)(x^2+2)-(1-x)(2x)}{(x^2+2)^2} = \frac{x^2-2x-2}{(x^2+2)^2}$

(g) $y'(x) = \frac{(1)(x^2+2x+3)-(x+2)(2x+2)}{(x^2+2x+3)^2} = -\frac{x^2+4x+1}{(x^2+2x+3)^2}$

10. $\frac{dy}{d\mu} = 3\mu^2,\ \frac{d\mu}{dx} = -2x$

따라서 $\frac{dy}{dx} = (3\mu^2)(-2x) = 3(5-x^2)^2(-2x) = -6x(5-x^2)^2$

11. $\frac{dw}{dy} = 2ay,\ \frac{dy}{dx} = 2bx+c$

$\frac{dw}{dx} = (2ay)(2bx+c) = 2a(bx^2+cx)(2bx+c)$

12. $e_p = D'(p)\dfrac{p}{D(p)}$

$$= \frac{1}{2}(600-25p)^{-\frac{1}{2}}(-25)\cdot\frac{p}{(600-25p)^{\frac{1}{2}}}$$

$$= -\frac{25}{2}p(600-25p)^{-1}$$

(a) $e_{p=8} = \left(-\dfrac{25}{2}\right)(8)(600-200)^{-1} = -\dfrac{200}{800} = -0.25$

(b) $-1 = -\dfrac{25}{2}p(600-25p)^{-1}$

$2(600-25p) = 25p$

$75p = 1,200$

$p - \dfrac{1,200}{75} - 16$

13. (a) $D(6) = 102-6-36 = 60$

$D(5) = 102-5-25 = 72$

$\dfrac{D(6)-D(5)}{D(5)} \times 100 = \left(\dfrac{60-72}{72}\right)(100) = -16.67\%$

(b) $e_p = (-1-2p)\dfrac{p}{102-p-p^2}$

$e_{p=5} = (-1-10)\dfrac{5}{102-5-25} = -\dfrac{55}{72} = -0.764$

14. $e_p = D'(p)\cdot\dfrac{p}{D(p)} = (-2)\cdot\dfrac{p}{216-2p} = -\dfrac{2p}{216-2p}$

(a) $-\dfrac{2p}{216-2p} < -1$

$2p > 216-2p \Rightarrow p > 54$

그러나 $p \geq 108$이면 $D(p) < 0$이 되므로 $54 < p < 108$일 때에만 탄력적이다.

(b) $2p < 216-2p \Rightarrow p < 54$

따라서 $0 < p < 54$일 때 비탄력적이다.

15. (a) $R(x) = px = \frac{1}{3}(10 - x)x = \frac{1}{3}(10x - x^2)$

$R'(x) = \frac{2}{3}(5 - x)$

(b) 판매량이 3에서 4로 늘어나면 수입은 $R(4) - R(3) = 1$만큼 증가한다.

한편 $R'(x)$에 $x = 3$을 대입하면 $\frac{4}{3}$가 된다. 한계수입은 $x = 3$에서 매우 작은 변동이 일어날 때의 변화이므로 이 두 값이 일치할 수 없다.

16. (a) $D(1{,}900) - D(2{,}000) = [18{,}000 - 0.002(1{,}900)^2] - [18{,}000 - 0.002(2{,}000)^2]$

$$= 10{,}780 - 10{,}000 = 780$$

(b) 가격변화율$= \left(\frac{1{,}900 - 2{,}000}{2{,}000}\right)(100) = -5\%$

수요변화율$= \left(\frac{780}{10{,}000}\right)(100) = 7.8\%$

따라서 비율은 $7.8/(-5) = -1.56$이 된다.

(c) $e_p = D'(2{,}000)\left(\frac{2{,}000}{D(2{,}000)}\right) = (-0.004)(2{,}000)\left(\frac{2{,}000}{10{,}000}\right) = -1.6$

(d) 가격이 2,000원에서 2,100원으로 상승했을 때 가격의 변화율은

$$(2{,}100 - 2{,}000)/2{,}000 = 0.05 = 5\%$$

이므로 수요량의 변화율은

$$(e_p)(5\%) = (-1.6)(5\%) = -8\%$$

로 추정된다. 즉 수요량은 8% 줄어들게 된다.

17. (a) $f'(x) = 5((x+a)^4 - 16)$이므로 $|x+a| > 2$이면 $f'(x)$는 0보다 크며, $|x+a| < 2$이면 0보다 작다. 따라서 f는 어떤 경우에도 모노토닉함수가 될 수 없다.

(b) $f'(x) = -2(x+a)^{-3} + 80 = 2(40 - (x+a)^{-3})$

x가 양수라는 가정을 하고 있으므로 $a \geq (0.025)^{\frac{1}{3}} \approx 0.2924$이면 모노토닉함수가 성립한다.

18. (a) $C(10{,}000) = 1{,}500 + (10)(10{,}000) + (12)\sqrt{10{,}000}$

$= 1{,}500 + 100{,}000 + 1{,}200 = 102{,}700$

(b) 한계생산비용 $C'(Q) = 10 + 6Q^{-\frac{1}{2}}$

평균생산비용 $\overline{C}(Q) = \dfrac{1{,}500}{Q} + 10 + 12 \cdot Q^{-\frac{1}{2}} = \dfrac{1{,}500}{Q} + 10 + \dfrac{12}{\sqrt{Q}}$

(c) $\overline{C}(10{,}000) = \dfrac{1{,}500}{10{,}000} + 10 + \dfrac{12}{100} = 0.15 + 10 + 0.12 = 10.27$

$C'(10{,}000) = 10 + \dfrac{6}{100} = 10.06$

(d) $C(10{,}001) - C(10{,}000)$

$= 1{,}500 + (10)(10{,}001) + (12) \cdot \sqrt{10{,}001} - 102{,}700$

$\fallingdotseq 1{,}500 + 100{,}010 + 1{,}200.06 - 102{,}700$

$= 10.06$

19. (a) $TR = P \cdot Q$

$= (10 - 2Q)Q$

$= 10Q - 2Q^2$

$MR = 10 - 4Q$

(b) $AR = 10 - 2Q$

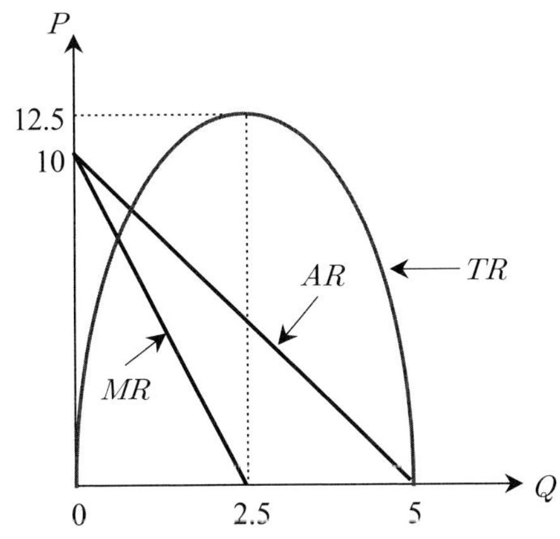

(c) $MR = 10 - 4Q = 0 \Rightarrow Q = \dfrac{10}{4} \Rightarrow p = 10 - (2)\left(\dfrac{10}{4}\right) = 5$

제 8 장 로그함수와 지수함수

1. (a) $f(x)=e^{(\ln 2)x}$

(b) $f(t)=5\cdot e^{(\ln 3)t}$

(c) $g(x)=e^{-(2\ln 2)x}$

(d) $f(x)=e^{-(\ln 2)|x|}$

2. (a) $c=14,\ m=-\dfrac{\ln 2}{2}$

(b) $c=10,\ m=\dfrac{\ln 4}{3}$

3. (a) $\dfrac{2(\ln 5-\ln 3)}{\ln 7-\ln 3}=1.206$

(b) $f(0)=c\cdot e^{(m)(0)}=c=6$

$f(13)=6\cdot e^{(13)(m)}=4$

$m=\dfrac{1}{13}\cdot\ln\dfrac{4}{6}$

$f(x)=5$를 이용하면

$c\cdot e^{(m)(x)}=5$

$\Rightarrow x=\dfrac{1}{m}\cdot\ln\dfrac{5}{6}$

$=\dfrac{1}{\left(\dfrac{1}{13}\cdot\ln\dfrac{4}{6}\right)}\cdot\left(\ln\dfrac{5}{6}\right)$

$\fallingdotseq 5.8456$

4. $Aa^{t+t^*} = Aa^t \cdot a^{t^*}$

$= 2Aa^t$

따라서 $a^{t^*} = 2$일 수밖에 없음.

5. (a) $f(1) = c \cdot e^m$

(b) $f(1) - f(2) = c \cdot e^{2m} - c \cdot e^m = ce^m(e^m - 1)$

6. (a) $15 = 27 - c \cdot e^{(m)(1)}$: 현재

$5 = 27 - c \cdot e^{(m)(0)}$: 1시간 전

이 두 식에서 $c = 22$, $m = \ln\left(\frac{12}{22}\right)$가 됨을 알 수 있다.

(b) $25 = 27 - (22)e^{\left[\ln\left(\frac{12}{22}\right)\right]t}$에서 $22 \cdot e^{\left[\ln\left(\frac{12}{22}\right)\right]t} = 2$

$$t\ln\left(\frac{12}{22}\right) = \ln\left(\frac{2}{22}\right) \Rightarrow t^* = \frac{\ln\left(\frac{2}{22}\right)}{\ln\left(\frac{12}{22}\right)}$$

7. (a) $g'(x) = \frac{2}{x} - 2e^x$

(b) $f'(x) = e^x\left[\frac{5}{8}x^{-\frac{7}{8}}\right] + 5x^{\frac{1}{8}}e^x$

(c) $f'(x) = \dfrac{(1+x^5)\left(x^{\frac{1}{3}}e^x + \frac{1}{3}e^x x^{-\frac{2}{3}}\right) - \left(x^{\frac{1}{3}}e^x\right)(5x^4)}{(1+x^5)^2}$

$= \dfrac{\left(\frac{1}{3}x^{-\frac{2}{3}} + x^{\frac{1}{3}} - \frac{14}{3}x^{\frac{13}{3}} + x^{\frac{16}{3}}\right)e^x}{(1+x^5)^2}$

(d) $c'(x) = \dfrac{1 - \ln x}{x^2} + \dfrac{\ln x - 1}{(\ln x)^2}$

(e) $f'(x) = 2[e^x(x^8 + 7) + 8x^7 \cdot e^x]$

(f) $g'(x) = \dfrac{e^x(1+e^x) - (e^x)(e^x)}{(1+e^x)^2} = \dfrac{e^x}{(1+e^x)^2}$

(g) $y = x^x$로 둘 경우 $\ln y = x\ln x$가 되므로, $\dfrac{d\ln y}{dx} = 1 + \ln x$가 되며, 이를 통해

$\dfrac{1}{y}\dfrac{dy}{dx} = 1 + \ln x$를 유도할 수 있다.

이를 정리하면 $\dfrac{dy}{dx} = y(1+\ln x) = x^x(1+\ln x)$

(h) $y = e^x + 1$로 둘 경우 $\dfrac{dy}{dx} = e^x$로 나타낼 수 있다.

따라서 $\dfrac{de^y}{dx} = \dfrac{de^y}{dy}\dfrac{dy}{dx} = e^y e^x = e^{e^x + x + 1}$

8. (a) $f'(x) = 3e^{2x} + 2e^{2x}(3x+1) = e^{2x}(3+6x+2) = e^{2x}(6x+5)$

(b) $A'(x) = \left[\dfrac{2x^2-2}{(1+x^2)^2}\right]e^{\frac{-2x}{1+x^2}}$

(c) $E'(\mu) = \dfrac{2^\mu(2\mu+2) - (\mu^2+2\mu)(\ln 2)2^\mu}{2^{2\mu}} = [2\mu + 2 - (\mu^2+2\mu)\ln 2]2^{-\mu}$

(d) $f'(x) = \dfrac{2^x}{x\ln 2} + 2^x \ln x$

(e) $f(x)$를 자연지수 e를 이용하여 나타내면 $x^{x+1} = e^{(\ln x)(x+1)}$이므로

$f'(x) = e^{(\ln x)(x+1)}\left[\dfrac{x+1}{x} + \ln x\right] = (x^{x+1})(\ln x + 1 + x^{-1})$

(f) $x^{\ln x} = e^{(\ln x)(\ln x)}$이므로

$f'(x) = e^{(\ln x)^2}\left[\dfrac{\ln x}{x} + \dfrac{\ln x}{x}\right] = x^{\ln x}\left(\dfrac{2\ln x}{x}\right)$

9. (a) 172.41만원

(b) 28.42만원

(c) 215.19만원

10. (a) $\left[\left(1+\frac{0.1}{2}\right)^{6}-1\right]\times 100\% = 34.00956\%$

(b) $\left[\left(1+\frac{0.09}{4}\right)^{12}-1\right]\times 100\% = 30.60499\%$

(c) $\left[e^{(0.07)(3)}-1\right]\times 100\% = 23.367806\%$

11. (a) $p(t) = 3{,}000e^{0.06t}$

(b) $p(3.5) = 3{,}701$

(c) 701

(d) $4{,}800 = 3{,}000 \cdot e^{0.06t}$에서 $t = 7.83$이 도출된다.

12. $p(t) = xe^{0.08t}$에서 $t = 4.25$일 때 1억원$= x \cdot e^{(0.08)(4.25)}$이므로 $x = 7{,}118$만원임을 알 수 있다.

13. $f(t) = e^{-0.05t}V(t) = e^{-0.05t} \cdot 800 \cdot e^{\sqrt{t}/4} = 800 \cdot e^{\left[\frac{\sqrt{t}}{4} - 0.05t\right]}$

$f(4) = 800 \cdot e^{(0.5-0.2)} = 800 \cdot e^{0.3}$

$f(9) = 800 \cdot e^{(0.75-0.45)} = 800 \cdot e^{0.3}$

$f(4) = f(9)$이므로 차이가 없다.

14. (a) $P(t) = P(0)e^{\alpha t}$

$P(25) = 750{,}000 = (500{,}000)e^{25\alpha}$

$\Rightarrow 25\alpha = \ln 1.5 = 0.4055$

$\Rightarrow \alpha \fallingdotseq 0.0162$ 또는 1.62%

(b) $(500{,}000)e^{(0.0162)(40)} \fallingdotseq (500{,}000)(1.9117) = 955{,}850$

15. $t^{*} = \frac{\ln 10}{0.1} \approx 23$년

제 9 장 일변수함수의 극대 · 극소

1. (a) $g'(x) = 3x^2 + 6x + 3$에서 $x = -1$만이 $g'(x) = 0$을 만족시킨다. $g''(x) = 6x + 6$이므로 $g''(-1) = 0$이 되어 $g'''(x)$을 계산해야만 극값 여부를 알 수 있다. $g'''(x) = 6$이므로 $g(x)$는 극값을 가지지 못한다.

(b) $p'(z) = 3z^2 - 6z$에서 $p'(z) = 0$을 만족하는 z는 $z = 0,\ 2$뿐이다.
$p''(z) = 6z - 6$이므로 $p''(0) = -6$, $p''(2) = 6$에서 극댓값은 $p(0) = 0$, 극솟값은 $p(2) = -4$가 된다.

(c) $f'(x) = 4x^3 - 4$에서 $f'(x) = 0$을 만족하는 x값은 $x = 1$뿐이다.
$f''(x) = 12x^2$으로 $f''(1) > 0$이므로 $f(1) = 1 - 4 + 2 = -1$이 극솟값임을 알 수 있다.

(d) $H'(x) = 2x^3 - 2x = 2x(x^2 - 1)$에서 $H'(x) = 0$은 $x = 0,\ +1,\ -1$에서 성립함을 알 수 있다.
$H''(x) = 6x^2 - 2$이므로 $H''(0) = -2$, $H''(1) = 4$, $H''(-1) = 4$에서 $H(0) = 2$는 극댓값, $H(1) = H(-1) = 1.5$는 극솟값임을 알 수 있다.

(e) $f'(x) = (x+1)^2 + 2(x+1)(x+4) = (x+1)(3x+9) = 3(x+1)(x+3)$
$x = -1, -3$에서 $f'(x) = 0$이 성립한다.
$f''(x) = 3[(x+1) + (x+3)] = 3[2x+4]$이므로 $f''(-1) > 0$, $f''(-3) < 0$임을 알 수 있다.
따라서 $f(-1) = 0$은 극솟값, $f(-3) = 1 \cdot (-2)^2 = 4$는 극댓값이다.

(f) $f'(x) = 4(2x-2)(x^2-2x)^3 = 0$을 만족시키는 x값은 $x = 1,\ 0,\ 2$이다.

$$f''(x) = 4[(2)(x^2-2x)^3 + (3)(2x-2)^2(x^2-2x)^2]$$
$$= 4(x^2-2x)^2(14x^2 - 22x + 12)$$

이므로 $f''(1) < 0$, $f''(0) = 0$, $f''(2) = 0$임을 알 수 있다.

따라서 $f(1)=(1-2)^4=1$은 극댓값임을 알 수 있으나, $f(0)$, $f(2)$가 극값인지를 알아보기 위해서는 추가분석이 필요하다.

$f'''(x)=4[2(x^2-2x)(2x-2)(14x^2-22x+12)+(x^2-2x)^2(28x-22)]$이므로 $f'''(0)=f'''(2)=0$이 되어 $f''''(x)$가 필요하다.

$f''''(0)>0$, $f''''(2)>0$이므로 $f(0)=f(2)=0$은 극솟값이 된다.

2. (a) $f'(x)=2x-2=0$을 만족하는 x는 $x=1$이다.

$f''(x)=2>0$이므로 $f(1)=1-2+1=0$이 극솟값임을 알 수 있다. 한편 $f(0)=1$, $f(3)=9-6+1=4$이므로 $0\le x\le 3$일 때 최댓값은 4, 최솟값은 0임을 알 수 있다.

(b) 최댓값 $=h(0)=0$, 최솟값 $=h(-1)=-4$

(c) $g'(x)=4+(16)(-2)x^{-3}=0$은 $x=2$에서 성립하며, $g''(x)=96x^{-4}$이므로 $g(2)$가 극솟값임을 알 수 있다. $g(1)=20$, $g(4)=17$이므로 최댓값은 $g(1)=20$일 때, 최솟값은 $g(2)=12$일 때 성립한다.

3. 매출액 $R(Q)=Q\cdot P=Q[(2)(231-Q)]=-2Q^2+462Q$

순이익 $I(Q)=R(Q)-C(Q)=-2Q^2+462Q-\frac{1}{6}Q^3+8Q^2-142Q-200$

$$I'(Q)=-4Q+462-\frac{Q^2}{2}+16Q-142$$
$$=-\frac{Q^2}{2}+12Q+320=-\frac{1}{2}(Q^2-24Q-640)$$
$$=-\frac{1}{2}(Q-40)(Q+16)$$

따라서 $I'(Q)=0$은 $Q=40$일 때 성립한다.

$I''(Q)=-\frac{1}{2}(2Q-24)$이므로 $I''(40)<0$이 되어 $I(40)$이 극댓값임을 알 수 있다. 따라서 최적 생산량 $Q^*=40$이며 $p^*=(2)(231-Q^*)=(2)(231-40)=382$임을 알 수 있다.

4. $I(x) = 150x - C(x) = 150x - \frac{1}{6}x^3 + 8x^2 - 142x - 200$

$I'(x) = 150 - \frac{1}{2}x^2 + 16x - 142 = -\frac{1}{2}(x^2 - 32x - 16)$

$I'(x) = 0$은 $x \fallingdotseq 32.5$에서 성립하게 되며 $I''(x) = -\frac{1}{2}(2x - 32)$에서 $x = 32.5$를 대입하면 $I''(x) < 0$이므로 $I(32.5)$가 극댓값임을 알 수 있다. 따라서 최적 생산량 $x^* = 32.5$이다.

5. $\overline{C}(x) = \frac{1}{30}x + 20 + \frac{480}{x}$

(a) $\overline{C}'(x) = \frac{1}{30} - 480x^{-2} = 0$, $\overline{C}''(x) > 0$에서 $x^* = 120$임을 알 수 있다.

(b) $C'(x) = \frac{2}{30}x + 20$이므로 $C'(120) = 28$, $\overline{C}(120) - 28$이 되어 두 값이 일치한다.

6. 총노동소득 $= \omega L = 100\omega - 2\omega^2$

$\frac{d(\omega L)}{d\omega} = 100 - 4\omega = 0 \Rightarrow \omega^* = 25$

$\frac{d^2(\omega L)}{d\omega^2} = -4 < 0$이므로 $\omega^* = 25$는 극댓값이다.

7. 한국하이브리드의 총수입은 $x \cdot p = (x)(52 - 2x)$이므로 이윤은 다음과 같이 정의된다.

$$\pi(x) = 52x - 2x^2 - (20 + 2x + 0.5x^2)$$
$$= 50x - 2.5x^2 - 20$$

따라서 $\pi'(x) = 50 - 5x = 0 \Rightarrow x^* = 10$이 도출된다(참고로 $p = 52 - 2x$는 0보다 큰 값이므로 x의 정의역은 $0 \le x \le 26$임을 알 수 있다).

한편 $\pi''(x) = -5 < 0$이므로 $x^* = 10$일 때 이윤이 극대화됨을 알 수 있다.

8. $\pi(x) = 150x - 2x^2 - (0.1x^3 - 3x^2 + 50x + 100)$

$= 100x + x^2 - 0.1x^3 - 100$

$\pi'(x) = 100 + 2x - 0.3x^2 = 0$

$$\Rightarrow x^* = \frac{-2 \pm \sqrt{4 - 4(-0.3)(100)}}{-0.6}$$

$\Rightarrow x^* = 21.89$ 또는 $x^* = -15.23$

그러나 생산량이 음수가 될 수는 없으므로 $x^* = 21.89$, $p^* = 106.22$가 된다.

9. $\frac{dU}{dQ} = abQ^{b-1}$

$\frac{d^2U}{dQ^2} = ab(b-1)Q^{b-2} < 0$ (왜냐하면 $0 < b < 1$이므로)

효용함수가 이러한 형태를 갖는 경우 효용함수 U는 한계효용체감의 법칙이 성립하게 된다.

10. 즉, $V'(t) = 800 \cdot e^{\left[\frac{\sqrt{t}}{4} - 0.05t\right]}\left(\frac{1}{8}t^{-\frac{1}{2}} - 0.05\right)$

$\frac{1}{8}t^{-\frac{1}{2}} = 0.05$에서 $t^* = \left(\frac{1}{0.4}\right)^2 = 6.25$임을 알 수 있다.

11. $f(t) = e^{-0.1t}v(t) = e^{-0.1t}(20 + 5t)$

$f'(t) = (-0.1)e^{-0.1t}(20 + 5t) + 5 \cdot e^{-0.1t} = e^{-0.1t}(-2 - 0.5t + 5)$

따라서 최적 판매시점 t^*는 $f'(t) = 0$을 충족시키는 6년 후가 된다.

12. $C_2 = m_2 + (1+r)(m_1 - c_1)$으로 미래소비수준을 정의해 볼 수 있다. 따라서

$$U = \ln C_1 + \frac{\ln[m_2 + (1+r)(m_1 - C_1)]}{1+r}$$

$$\frac{dU}{dC_1} = \frac{1}{C_1} - \frac{1+r}{(1+r)[m_2 + (1+r)(m_1 - C_1)]} = 0$$

$$\Rightarrow C_1^* = m_1 + \frac{(m_2 - m_1)}{(2+r)}$$

$$C_2^* = m_2 + (1+r)\left(m_1 - m_1 - \frac{m_2 - m_1}{2+r}\right)$$

$$= m_2 - (1+r)\left(\frac{m_2 - m_1}{2+r}\right)$$

$$= m_1 + \frac{m_2 - m_1}{2+r}$$

13. $U = \dfrac{C_1[m_2 + (1+r)(m_1 - C_1)]}{1+r}$

$$\frac{dU}{dC_1} = \frac{m_2 + (1+r)(m_1 - C_1)}{1+r} - C_1 = 0$$

$$\Rightarrow C_1^* = m_1 + \frac{m_2 - (1+r)m_1}{2(1+r)}$$

$$C_2^* = m_2 + (1+r)\left[m_1 - \frac{m_1}{2} - \frac{m_2}{2(1+r)}\right] = \frac{m_2 + (1+r)m_1}{2}$$

14. (a) $\pi(Q) = -\dfrac{1}{2}Q^2 + (\alpha_1 - \alpha_2 - r)Q$

(b) $\pi'(Q) = -Q + (\alpha_1 - \alpha_2 - r) = 0$에서 $Q^* = \alpha_1 - \alpha_2 - r$이 도출됨.

(c) $\pi(Q) = -\dfrac{1}{2}Q^2 + (\alpha_1 - \alpha_2 - r - t)Q$

$Q^* = \alpha_1 - \alpha_2 - r - t$ (단, $\alpha_1 - \alpha_2 - r - t > 0$이라고 가정함)

15. $Q^* = \sqrt{\dfrac{(2)(100)(10)}{(4)(0.2)}} = 50$

16. $Q^* = \sqrt{\dfrac{(2)(20)(2.5+25)}{20}} \fallingdotseq 7.416$톤

(여기서 주문비용에는 수송비가 포함된다)

17. $Q^* = \sqrt{\frac{(2)(300)(1,200)}{(35)(12\text{개월})}} = 41.4\text{명}$

그러나 41명 또는 42명을 8주에 교육시키면 연간 $(42)(6) = 252$명밖에 교육을 시킬 수 없으므로, 연간 수요 300명을 충족시키기 위해서는 연간 8회를 개설해야 한다.

18. $Q^* = \sqrt{\frac{(2)(3,000)(150,000)}{500}} \fallingdotseq 1,341.6$

따라서 $\frac{(3,000)(12)}{1,341.6} = 26.83$회 생산준비를 해야 한다.

19. (a) 우선 구입단가가 12만원인 경우부터 고려해 보자.

$$Q^* = \sqrt{\frac{(2)(250,000)(100)}{2.88}} = 4,166$$

주문량을 4,166개로 하는 경우 구입원가를 고려한 총비용 $TC_{Q=4,166}$은 다음과 같다.

$$TC = \frac{4,166}{2}(2.88) + \frac{250,000}{4,166}(100) + (250,000)(12) = 3,012,000$$

(b) 구입단가가 11만원인 경우에는

$$Q^* = \sqrt{\frac{(2)(250,000)(100)}{2.64}} = 4,352$$

이나 이 값은 5,000개보다 작으므로 주문량은 5,000개이다. $Q = 5,000$일 때 총비용을 계산하면 2,761,600원이다.

(c) 마지막으로 구입단가가 10만원인 경우에는

$$Q^* = \sqrt{\frac{(2)(250,000)(100)}{2.40}} = 4,564$$

이나 이 값은 20,000개보다 작으므로 구입단가를 10만원으로 하기 위한 최소 주문량은 20,000개이다. $Q = 20,000$일 때의 총비용을 계산하면 2,525,250원이다. 이를 모두 종합하면 최적 1회 주문량은 20,000개임을 알 수 있다.

20. $Q_1 = \sqrt{\dfrac{(2)(5,000)(49)}{(0.2)(5)}} = 700$

$Q_2 = \sqrt{\dfrac{(2)(5,000)(49)}{(0.2)(4.8)}} = 714$

$Q_3 = \sqrt{\dfrac{(2)(5,000)(49)}{(0.2)(4.75)}} = 718$

따라서 정상가격으로는 700개씩 주문하는 것이 합리적이고, 4%를 할인받으려면 1,000개씩, 5%를 할인받으려면 2,000개씩 주문해야 한다. 이 세 가지 경우의 비용을 비교하면 다음과 같다.

주문량	연간 구입원가 (연간 수요×단가)	연간 주문비용	연간 재고유지비용	총비용
700	25,000	350	350	25,700
1,000	24,000	245	480	24,725
2,000	23,750	122.5	950	24,822.5

따라서 1,000개씩 주문하는 것이 경제적이다.

21. $Q^* = \sqrt{\dfrac{(2)(10,000)(100)}{(0.5)\left(1-\dfrac{60}{80}\right)}} = \sqrt{16,000,000} = 4,000$

따라서 $\dfrac{10,000}{4,000} = 2.5$로 연간 2.5회 정도 생산준비를 하면 충분하다.

22. $D = 2,500$개로 보고 Q^*를 구하면

$Q^* = \sqrt{\dfrac{(2)(2,500)(25)}{(0.1)(14.8)\left(1-\dfrac{10}{50}\right)}} = 324.92 \fallingdotseq 325$

23. (a) $f'(x) = 2x - 2,\ f''(x) = 2 > 0$이므로 $f(x)$는 볼록함수이다.

(b) $g'(x) = -4x - 5,\ g''(x) = -4 < 0$이므로 $g(x)$는 오목함수이다.

(c) $f'(x) = 3x^2 + 12x - 15,\ f''(x) = 6x + 12$이므로 볼록함수도 오목함수도 아니다.

(d) $f'(x) = -4x^3 + 6x^2 + 72x + 5$

$f''(x) = -12x^2 + 12x + 72 = (-12)(x^2 - x - 6)$

$f''(x)$ 역시 x값에 따라 부호가 달라지므로 볼록함수도 오목함수도 아니다.

(e) $f'(x) = 6(x+2)^5$, $f''(x) = 30(x+2)^4 \geq 0$이므로 $f(x)$는 볼록함수이다.

(f) $G'(q) = 12q^3 - 12q^2 \Rightarrow q = 0, 1$일 때 $G'(q) = 0$이 성립한다.

$G''(q) = 36q^2 - 24q$로 q값에 따라 부호가 바뀌므로 볼록함수도 오목함수도 아니다.

24. 독점적 생산자의 매출함수는 $R(x) = px = (99 - x)x$로 정의될 수 있으며, 이익함수는 $\Pi(x) = R(x) - C(x) = -\frac{1}{3}x^3 + 6x^2 - 11x - 70$으로 주어진다.

독점적 생산자의 목표는 이익을 최대화하는 것이므로, 이익함수의 일계도함수와 이계도함수는 $\Pi'(x) = -x^2 + 12x - 11 = -(x-1)(x-11)$ 및 $\Pi''(x) = -2x + 12 = -2(x-6)$이다.

따라서 생산량이 1 혹은 11에서 임곗값이 형성됨을 알 수 있다. 하지만 $\Pi''(1) > 0$ 그리고 $\Pi''(11) < 0$이므로 독점적 생산자의 최적 생산량은 11이 된다.

제10장 편미분법

1. (a) $\dfrac{\partial f}{\partial x}=5x^4y+12x^3y^3-1$ $\qquad$ $\dfrac{\partial f}{\partial y}=x^5+9x^4y^2$

(b) $\dfrac{\partial f}{\partial x}=7(3xy^6-y+1)^6(3y^6)$ $\qquad$ $\dfrac{\partial f}{\partial x}=7(3xy^6-y+1)(18xy^5-1)$

(c) $\dfrac{\partial f}{\partial x}=6xye^{3x^2y}$ $\qquad$ $\dfrac{\partial f}{\partial y}=3x^2e^{3x^2y}$

(d) $\dfrac{\partial f}{\partial x}=\dfrac{2y-3x^2}{2xy-x^3}$ $\qquad$ $\dfrac{\partial f}{\partial y}=\dfrac{2x}{2xy-x^3}$

(e) $\dfrac{\partial f}{\partial x}=\left(2x+\dfrac{1}{2}y^{\frac{1}{2}}x^{\frac{3}{2}}\right)e^{\sqrt{xy}}$ $\qquad$ $\dfrac{\partial f}{\partial y}=\dfrac{1}{2}x^{\frac{5}{2}}y^{-\frac{1}{2}}e^{\sqrt{xy}}$

(f) $\dfrac{\partial f}{\partial x}=\dfrac{e^{x-y}(2x+y)-2e^{x-y}}{(2x+y)^2}$ $\qquad$ $\dfrac{\partial f}{\partial y}=\dfrac{e^{x-y}(-1)(2x+y)-e^{x-y}}{(2x+y)^2}$

2. (a) $(0,\ 0)$ $\qquad$ (b) $(0,\ -1),\ (0,\ 1)$ $\qquad$ (c) $\left(1,\ \dfrac{1}{2}\right),\ \left(-2,\ \dfrac{1}{2}\right)$

3. $\dfrac{\partial f}{\partial x}=2\left(1-\dfrac{10}{y}\right),\ \dfrac{\partial f}{\partial y}=2x\cdot 10y^{-2}$이므로

$\left.\dfrac{\partial f}{\partial x}\right|_{x=60,\ y=20}=1,\ \left.\dfrac{\partial f}{\partial y}\right|_{x=60,\ y=20}=\dfrac{(120)(10)}{400}=3$

4. $\dfrac{\partial g}{\partial x}=2-\dfrac{y}{100}-\dfrac{1}{25}x$ $\qquad$ $\dfrac{\partial g}{\partial y}=5-\dfrac{x}{100}-\dfrac{y}{100}$

$(x=100,\ y=200)$일 때

$\left.\dfrac{\partial g}{\partial x}\right|_{x=100,\ y=200}=2-\dfrac{200}{100}-\dfrac{100}{25}=-4$

$$\left.\frac{\partial g}{\partial y}\right|_{x=100,\ y=200} = 5 - \frac{100}{100} - \frac{200}{100} = 2$$

신제품 개발에의 투자는 오히려 연간 이익을 감소시킨다. 즉, 광고선전비에 변화가 없을 경우 신제품 개발에 1천만원을 투자하면 대략 4천만원의 손실을 가져오게 된다.

5. Q_1의 한계생산비용 $= 49.90$

Q_2의 한계생산비용 $= 29.80$

6. (a) $f(tx,\ ty) = 10(tx)(ty) = t^2\,10xy$이므로 $t > 1$일 때 $f(tx,\ ty) > tf(x,\ y) = t(10xy)$가 되어 $f(x,\ y)$는 규모의 보수증가의 특성을 지님을 알 수 있다.

(b) 이 함수는 콥-더글러스함수이므로 규모의 보수불변의 특성을 가진다.

(c) $f(tx,\ ty) = 8(tx)^{\frac{2}{3}}(ty)^{\frac{1}{5}} = t^{\frac{13}{15}}(8x^{\frac{2}{3}}y^{\frac{1}{5}}) = t^{\frac{13}{15}}f(x,\ y)$이므로 $t > 1$일 때 $f(tx,\ ty) < tf(x,\ y)$가 되어 $f(x,\ y)$는 규모의 보수감소의 특성을 지님을 알 수 있다.

(d) $f(tK,\ tL,\ tM) = t^{\frac{1}{2}}t^{\frac{1}{4}}t^{\frac{1}{5}}f(K,\ L,\ M) = t^{\frac{19}{20}}f(K,\ L,\ M) < tf(K,\ L,\ M)$ (단, $t > 1$)

따라서 이 함수도 보수감소의 특성을 지님을 알 수 있다.

7.

$$\begin{aligned} f(tK,\ tL) &= A \cdot [\delta(tL)^{-\rho} + (1-\delta)(tK)^{-\rho}]^{-\frac{1}{\rho}} \\ &= A[t^{-\rho}\{\delta L^{-\rho} + (1-\delta)K^{-\rho}\}]^{-\frac{1}{\rho}} \\ &= (t^{-\rho})^{-\frac{1}{\rho}} A[\delta L^{-\rho} + (1-\delta)K^{-\rho}]^{-\frac{1}{\rho}} \\ &= t \cdot f(K,\ L) \end{aligned}$$

따라서 규모에 대한 보수불변이다.

8. $M_1 = \dfrac{du}{dQ_1} = \dfrac{a}{Q_1}$

9. (a) $\dfrac{\partial f}{\partial q} = 4,\ \dfrac{\partial g}{\partial p} = 2$

따라서 대체재(경쟁재)이다.

(b) $\dfrac{\partial f}{\partial q} = -2q,\ \dfrac{\partial g}{\partial p} = -8$

q는 0보다 작을 수 없으므로 두 재화는 상호 보완재로 볼 수 있다.

10. (a) $\dfrac{\partial y}{\partial x} = 2xe^{\sqrt{z}},\ \dfrac{\partial y}{\partial z} = x^2 e^{\sqrt{z}}\left(\dfrac{1}{2}z^{-\frac{1}{2}}\right)$

$$dy = 2x \cdot e^{\sqrt{z}}dx + \frac{x^2}{2} \cdot z^{-\frac{1}{2}} \cdot e^{\sqrt{z}}dz$$

(b) $\dfrac{\partial y}{\partial x} = 7(3xz^6 - z + 1)^6(3z^6)$

$$\frac{\partial y}{\partial z} = 7(3xz^6 - z + 1)^6(18xz^5 - 1)$$

$$dy = 7(3xz^6 - z + 1)^6(3z^6)dx + 7(3xz^6 - z + 1)^6(18xz^5 - 1)dz$$

(c) $\dfrac{\partial y}{\partial x} = e^{3x \cdot 2z} \cdot 6z,\ \dfrac{\partial y}{\partial z} = e^{3x \cdot 2z} \cdot 6x$

$$dy = 6z \cdot e^{3x \cdot 2z}dx + 6xe^{3x \cdot 2z}dz$$

(d) $\dfrac{\partial y}{\partial x} = \dfrac{e^{x-z}(2x - z) - (2) \cdot e^{x-z}}{(2x - z)^2}$

$$\frac{\partial y}{\partial z} = \frac{-e^{x-z}(2x - z) + e^{x-z}}{(2x - z)^2}$$

$$dy = \frac{e^{x-z}(2x - z) - 2e^{x-z}}{(2x - z)^2}dx + \frac{e^{x-z}(1 - 2x + z)}{(2x - z)^2}dz$$

11. $\dfrac{\partial f}{\partial x} = 2\left(1 - \dfrac{10}{y}\right),\ \dfrac{\partial f}{\partial y} = (2x)(10)y^{-2} = 20xy^{-2}$

$$dz = 2\left(1 - \frac{10}{y}\right)dx + 20xy^{-2}dy$$

여기서 $x = 60,\ y = 20,\ dx = 2,\ dy = -3$이므로

$$dZ = (2)\left(1 - \frac{10}{20}\right)(2) + (20)(60)\left(\frac{1}{400}\right)(-3) = 2 - 9 = -7$$

12. $dc = \left(50 - \dfrac{Q_2}{200}\right)dQ_1 + \left(30 - \dfrac{Q_1}{200}\right)dQ_2$

여기서 $Q_1 = 40$, $Q_2 = 20$, $dQ_1 = 1$, $dQ_2 = 2$라 하면

$$dc = \left(50 - \frac{20}{200}\right)(1) + \left(30 - \frac{40}{200}\right)(2)$$

$$= 49.9 + 59.6 = 109.5$$

13. (a) $\dfrac{dz}{dy} = (2 + y) \cdot \dfrac{dy}{dx} + (x - 2y)$

$$= (2 + y)(6y) + (x - 2y)$$

$$= 10y + 6y^2 + x = 10y + 6y^2 + 3y^2$$

$$= 10y + 9y^2$$

(b) $\dfrac{dz}{dy} = (12x - 3y)\dfrac{dx}{dy} + (-3x + 4y)$

$$= (12x - 3y)\left(-\frac{1}{y^2}\right) - 3x + 4y$$

$$= \frac{3}{y} - \frac{12}{y^3} - \frac{3}{y} + 4y$$

$$= 4y - \frac{12}{y^3}$$

14. (a) $\dfrac{dz}{dt} = (2x - 8y)\dfrac{dx}{dt} + (-8x - 3y^2)\dfrac{dy}{dt}$

$$= (2x - 8y)(3) + (-8x - 3y^2)(-1)$$

$$= 6x - 24y + 8x + 3y^2$$

$$= 42t - 24(1 - t) + 3(1 - t)^2$$

$$= 3t^2 + 60t - 21$$

(b) $\dfrac{dz}{dt} = 3 \cdot \dfrac{du}{dt} + (2t) \cdot \dfrac{dv}{dt} + 2v$

$$= (3)(4t) + (2t)(1) + 2(t + 1)$$

$$= 16t + 2$$

(c) $\dfrac{dz}{dt} = \dfrac{\partial f}{\partial x} \cdot \dfrac{dx}{dt} + \dfrac{\partial f}{\partial y} \cdot \dfrac{dy}{dt} + \dfrac{\partial f}{\partial t}$

$= \dfrac{\partial f}{\partial x} \cdot b + \dfrac{\partial f}{\partial y} \cdot d + \dfrac{\partial f}{\partial t}$

15. $\dfrac{dQ}{dt} = \alpha A(t)K^{\alpha-1}L^{\beta} \cdot \dfrac{dK}{dt} + \beta A(t)K^{\alpha}L^{\beta-1} \cdot \dfrac{dL}{dt} + A'(t)K^{\alpha} \cdot L^{\beta}$

$= \alpha A(t)K^{\alpha-1}L^{\beta}a + \beta A(t)K^{\alpha}L^{\beta-1}b + A'(t)K^{\alpha}L^{\beta}$

$= K^{\alpha-1}L^{\beta-1}[\alpha A(t)La + \beta A(t)Kb + A'(t)K \cdot L]$

16. (a) $\dfrac{dx}{dx} - 2y\dfrac{dy}{dx} = 0$이므로 $\dfrac{dy}{dx} = \dfrac{1}{2y}$

(b) $3x^2\dfrac{dx}{dx} + 4y\dfrac{dy}{dx} = 9\dfrac{dx}{dx} = 0$이므로 $\dfrac{dy}{dx} = \dfrac{9-3x^2}{4y}$

(c) $\dfrac{1}{x^2-y^2}\left(2x - 2y \cdot \dfrac{dy}{dx}\right) = 0$이므로 $\dfrac{dy}{dx} = \dfrac{x}{y}$

(d) $\dfrac{1}{2}(x^2+y^2-1)^{-\frac{1}{2}}\left(2x + 2y \cdot \dfrac{dy}{dx}\right) = 1$이므로

$\dfrac{dy}{dx} = \dfrac{2(x^2+y^2-1)^{\frac{1}{2}} - 2x}{2y} = \dfrac{(x^2+y^2-1)^{\frac{1}{2}} - x}{y}$

17. 음함수 공식에 의하여 $\dfrac{dy}{dx} = -\dfrac{x}{y}$이므로 점 (1, 2)에서의 기울기는 $-\dfrac{1}{2}$이 된다.

따라서 (1, 2)에서의 접선의 방정식은 $y = -\dfrac{1}{2}(x-1)+2$이다.

18. $\dfrac{\partial y}{\partial x} = -\dfrac{F_x}{F_y} = -\dfrac{2xy^3+yz}{3x^2y^2+xz}$

$\dfrac{\partial y}{\partial z} = \dfrac{F_z}{F_y} = \dfrac{xy+2z}{3x^2y^2+xz}$

19. $2Q \cdot \dfrac{dQ}{dp} + 800p = 0$에서 $\dfrac{dQ}{dp} = -\dfrac{400p}{Q}$임을 알 수 있다. 또한 $p = 2$일 때 $Q^2 + 1{,}600 = 5{,}200$이므로 $Q = 60$이 된다. 따라서

$$e_p = \frac{dQ}{dp} \cdot \frac{p}{Q} = -\frac{(400)(2)}{60} \cdot \frac{2}{60} = -0.444$$

가 된다.

20. $8Q - 80 - 2y \cdot \dfrac{dy}{dQ} + 4 \cdot \dfrac{dy}{dQ} = 0$에서 $\dfrac{dy}{dQ} = \dfrac{8Q - 80}{2y - 4}$임을 알 수 있다.

한편, $Q = 35$일 때 y값을 구해보면

$$(4)(35)^2 - (80)(35) + 200 = y^2 - 4y$$

$$y^2 - 4y - 2{,}300 = 0$$

$$y = 50$$

따라서

$$\text{평균생산비용} = \frac{50}{35}$$

$$\text{한계생산비용} = \frac{(8)(35) - 80}{(2)(50) - 4} = \frac{200}{96}$$

이 된다.

21. $x = 20$, $y = 20$일 때 $f(20,\ 20) = a20^k 20^{1-k} = 20a$이므로 한계기술대체율은 $ax^k y^{1-k} - 20a = 0$으로 놓은 다음

$$-\frac{dy}{dx} = \frac{F_x}{F_y} = \frac{akx^{k-1}y^{1-k}}{a(1-k)x^k y^{-k}} = \frac{k}{1-k}\frac{y}{x}$$

를 이용하면 $\dfrac{k}{1-k}\dfrac{20}{20} = \dfrac{k}{1-k}$임을 알 수 있다. 즉 생산함수가 콥-더글러스함수의 형태를 취하면 한계기술대체율은 x와 y값에 관계없이 $\dfrac{k}{1-k}$의 상수임을 알 수 있다.

제11장 다변수함수의 극치

1. (a) $\dfrac{\partial f}{\partial x}=3-2x,\quad \dfrac{\partial f}{\partial y}=-2y,\quad \dfrac{\partial f}{\partial x}=\dfrac{\partial f}{\partial y}=0$을 만족하는 $(x,\ y)$값은 $\left(x^*=\dfrac{3}{2},\ y^*=0\right)$이다.

한편 $\dfrac{\partial^2 f}{\partial x^2}=-2,\quad \dfrac{\partial^2 f}{\partial y^2}=-2,\quad \dfrac{\partial^2 f}{\partial x\partial y}=0$이므로 $\dfrac{\partial^2 f}{\partial x^2}<0,\ \dfrac{\partial^2 f}{\partial x^2}\cdot\dfrac{\partial^2 f}{\partial y^2}-\left(\dfrac{\partial^2 f}{\partial x\partial y}\right)^2=4-0>0$이 되어 $\left(x^*=\dfrac{3}{2},\ y^*=0\right)$일 때의 $f\left(\dfrac{3}{2},\ 0\right)=\dfrac{9}{4}$가 극댓값임을 알 수 있다.

(b) $\dfrac{\partial f}{\partial x}=6x-3y-15=0,\quad \dfrac{\partial f}{\partial y}=2y-3x+8=0$을 만족시키는 $(x,\ y)$값은 $(x^*=2,\ y^*=-1)$이다.

한편 $\dfrac{\partial^2 f}{\partial x^2}=6,\quad \dfrac{\partial^2 f}{\partial y^2}=2,\quad \dfrac{\partial^2 f}{\partial x\partial y}=-3$이므로 $(6)(2)-(-3)(-3)>0$이 성립하여 $f(2,\ -1)=-19$가 극솟값임을 알 수 있다.

(c) $\dfrac{\partial f}{\partial x}=3x^2-6y=0,\quad \dfrac{\partial f}{\partial y}=-6x+2y=0$을 만족하는 $(x,\ y)$값을 구하면 $(x^*=0,\ y^*=0)$과 $(x^*=6, y^*=18)$이 된다.

한편 $\dfrac{\partial^2 f}{\partial x^2}=6x,\quad \dfrac{\partial^2 f}{\partial y^2}=2,\quad \dfrac{\partial^2 f}{\partial x\partial y}=-6$이므로 $\dfrac{\partial^2 f}{\partial x^2}\cdot\dfrac{\partial^2 f}{\partial y^2}-\left(\dfrac{\partial^2 f}{\partial x\partial y}\right)^2=12x-36$이 된다.

(i) $(x^*=0,\ y^*=0)$일 때에는 $12x-36=-36$이므로 $f(0,\ 0)$이 극값이 될 수 없다.

(ii) $(x^*=6,\ y^*=18)$일 때에는 $12x-36=36$이므로 $\dfrac{\partial^2 f}{\partial x^2}>0$, $\dfrac{\partial^2 f}{\partial x^2}\cdot\dfrac{\partial^2 f}{\partial y^2}-\left(\dfrac{\partial^2 f}{\partial x\partial y}\right)^2>0$이어서 $f(6,\ 18)$이 극솟값임을 알 수 있다.

(d) $\dfrac{\partial f}{\partial x}=y-27x^{-2}=0$, $\dfrac{\partial f}{\partial y}=x-27y^{-2}=0$을 만족시키는 해는 $(x^*=3,\ y^*=3)$이다.

한편 $\dfrac{\partial^2 f}{\partial x^2}=54x^{-3}$, $\dfrac{\partial^2 f}{\partial y^2}=54y^{-3}$, $\dfrac{\partial^2 f}{\partial x\partial y}=1$이므로 $x^*=3$, $y^*=3$일 때 $\dfrac{\partial^2 f}{\partial x^2}>0$, $\dfrac{\partial^2 f}{\partial x^2}\cdot\dfrac{\partial^2 f}{\partial y^2}-\left(\dfrac{\partial^2 f}{\partial x\partial y}\right)^2>0$이 됨을 알 수 있다. 따라서 $f(3,\ 3)$은 극솟값이 된다.

(e) $\dfrac{\partial f}{\partial x}=2x\cdot e^{x^2+y^2}=0$, $\dfrac{\partial f}{\partial y}=2y\cdot e^{x^2+y^2}=0$을 만족시키는 해는 $x^*=y^*=0$뿐이다.

한편 $\dfrac{\partial^2 f}{\partial x^2}=4x^2\cdot e^{x^2+y^2}$, $\dfrac{\partial^2 f}{\partial y^2}=4y^2\cdot e^{x^2+y^2}$, $\dfrac{\partial^2 f}{\partial x\partial y}=4xy\cdot e^{x^2+y^2}$으로, $x=y=0$일 때 $\dfrac{\partial^2 f}{\partial x^2}\cdot\dfrac{\partial^2 f}{\partial y^2}-\left(\dfrac{\partial^2 f}{\partial x\partial y}\right)^2=0$이므로 극값 여부를 판정할 수 없다.

(f) $\dfrac{\partial f}{\partial x}=2x=0$, $\dfrac{\partial f}{\partial y}=\ln y+1+1=0$을 만족시키는 해는 $(x^*=0,\ y^*=e^{-2})$이다.

한편 $\dfrac{\partial^2 f}{\partial x^2}=2$, $\dfrac{\partial^2 f}{\partial y^2}=\dfrac{1}{y}$, $\dfrac{\partial^2 f}{\partial x\,\partial y}=0$이므로 $\dfrac{\partial^2 f}{\partial x^2}>0$, $\dfrac{\partial^2 f}{\partial x^2}\cdot\dfrac{\partial^2 f}{\partial y^2}-\left(\dfrac{\partial^2 f}{\partial x\partial y}\right)^2>0$임을 알 수 있다. 따라서 $f(0,\ e^{-2})$는 극솟값이다.

(g) $f_1=4-2x_1+x_2=0$

$f_2=2-2x_2+x_1=0$

이 두 식을 만족하는 해는 $x_1^*=3.33$, $x_2^*=2.67$이다.

한편 $f_{11}=-2$, $f_{12}=1$, $f_{21}=1$, $f_{22}=-2$, $\begin{vmatrix}-2 & 1\\ 1 & -2\end{vmatrix}=4-1=3>0$이므로 $(x_1^*,\ x_2^*)$는 극댓값(최댓값)이다.

(h) $f_1 = 8x_1 - x_2 - 3x_1^2 = 0$

$f_2 = -x_1 + 2x_2 = 0$

이 두 식을 만족하는 해는 $(x_1^* = 2.5,\ x_2^* = 1.25)$와 $(x_1^* = x_2^* = 0)$이다.

한편 $f_{11} = 8 - 6x_1$, $f_{12} = f_{21} = -1$, $f_{22} = 2$이다.

$(x_1^* = x_2^* = 0)$에서 $f_{11} = 8 > 0$, $\begin{vmatrix} 8 & -1 \\ -1 & 2 \end{vmatrix} = 15 > 0$이므로 $(x_1^* - x_2^* = 0)$은 이 함수의 최솟값이다.

$(x_1^* = 2.5,\ x_2^* = 1.25)$인 경우에는 $f_{11} = 8 - 15 = -7 < 0$, $\begin{vmatrix} -7 & -1 \\ -1 & 2 \end{vmatrix} = -14 - 1 = -15 < 0$이어서 극값이 될 수 없다.

2. $\dfrac{\partial f}{\partial x} = 1.5 - \dfrac{2}{100}x = 0 \Rightarrow x^* = 75$

$\dfrac{\partial f}{\partial y} = 2.2 - \dfrac{4}{100}y = 0 \Rightarrow y^* = 55$

$\dfrac{\partial^2 f}{\partial x^2} = -\dfrac{2}{100}$, $\dfrac{\partial^2 f}{\partial y^2} = -\dfrac{4}{100}$, $\dfrac{\partial^2 f}{\partial x \partial y} = 0$이므로 $\dfrac{\partial^2 f}{\partial x^2} < 0$, $\left(\dfrac{\partial^2 f}{\partial x^2} \cdot \dfrac{\partial^2 f}{\partial y^2}\right) - \left(\dfrac{\partial^2 f}{\partial x \partial y}\right)^2 > 0$에서 $(x^* = 75,\ y^* = 55)$일 때 f가 극대임을 알 수 있다.

3. (a) $P(x,\ y) = 5.5x + 4y - C(x,\ y) = x - 0.625y + \dfrac{xy}{300} - \dfrac{x^2}{400} - \dfrac{y^2}{800}$

(b) $\dfrac{\partial P}{\partial x} = 1 + \dfrac{y}{300} - \dfrac{x}{200} = 0$

$\dfrac{\partial P}{\partial y} = -0.625 + \dfrac{x}{300} - \dfrac{y}{400} = 0$

을 만족하는 해를 구해보면 $(x^* = 300,\ y^* = 150)$임을 알 수 있다.

$\dfrac{\partial^2 P}{\partial x^2} = -\dfrac{1}{200}$, $\dfrac{\partial^2 P}{\partial y^2} = -\dfrac{1}{400}$, $\dfrac{\partial^2 P}{\partial x \partial y} = \dfrac{1}{300}$이므로

$\dfrac{\partial^2 P}{\partial x^2} < 0$, $\dfrac{\partial^2 P}{\partial x^2} \cdot \dfrac{\partial^2 P}{\partial y^2} - \left(\dfrac{\partial^2 P}{\partial x \partial y}\right)^2 = \dfrac{1}{80{,}000} - \dfrac{1}{90{,}000} > 0$에서 $x^* = 300$, $y^* = 150$이 이익을 극대화함을 알 수 있다.

4. 이익을 x와 y의 함수로 나타내면

$$p_1^2 = \frac{2,500}{x}, \ p_2^2 = \frac{3,600}{y}$$

에서

$$\begin{aligned} I(x,\ y) &= xp_1 + yp_2 - C(x,\ y) \\ &= x \cdot \sqrt{\frac{2,500}{x}} + y \cdot \sqrt{\frac{3,600}{y}} - C(x,\ y) \\ &= 50\sqrt{x} + 60\sqrt{y} - 5x - 3y - 200 \end{aligned}$$

이 된다. 따라서

$$\frac{\partial I}{\partial x} = 25x^{-\frac{1}{2}} - 5 = 0, \ \frac{\partial I}{\partial y} = 30y^{-\frac{1}{2}} - 3 = 0$$

을 만족시키는 해를 구해보면 $(x^* = 25,\ y^* = 100)$임을 알 수 있다.

한편, $\frac{\partial^2 I}{\partial x^2} = -12.5x^{-\frac{3}{2}}$, $\frac{\partial^2 I}{\partial y^2} = -15y^{-\frac{3}{2}}$, $\frac{\partial^2 I}{\partial x \partial y} = 0$이므로, $(x^* = 25,\ y^* = 100)$ 일 때 $\frac{\partial^2 I}{\partial x^2} < 0$, $\frac{\partial^2 I}{\partial x^2} \cdot \frac{\partial^2 I}{\partial y^2} - \left(\frac{\partial^2 I}{\partial x \partial y}\right)^2 > 0$이 되어 $f(25,\ 100)$이 극댓값임을 알 수 있다.

5. 각 품목의 판매가격이 주어져 있으므로 이윤을 $\pi(Q_1,\ Q_2)$의 함수로 나타내면 다음과 같다.

$$\pi(Q_1,\ Q_2) = 100Q_1 + 150Q_2 - (2Q_1^2 + Q_1Q_2 + 2Q_2^2)$$

우선 제1차 필요조건을 만족하는 $(Q_1^*,\ Q_2^*)$를 계산해 보면

$$\frac{\partial \pi}{\partial Q_1} = 100 - 4Q_1 - Q_2 = 0$$

$$\frac{\partial \pi}{\partial Q_2} = 150 - Q_1 - 4Q_2 = 0$$

에서 $\left(Q_1^* = \frac{50}{3},\ Q_2^* = \frac{100}{3}\right)$임을 알 수 있다. 한편

$$\frac{\partial^2 \pi}{\partial Q_1^2} = -4, \quad \frac{\partial^2 \pi}{\partial Q_2^2} = -4, \quad \frac{\partial^2 \pi}{\partial Q_1 \partial Q_2} = -1$$

$$\frac{\partial^2 \pi}{\partial Q_1^2} \frac{\partial^2 \pi}{\partial Q_2^2} - \left[\frac{\partial^2 \pi}{\partial Q_1 \partial Q_2} \right]^2 = 15$$

에서 $\left(Q_1^* = \frac{50}{3},\ Q_2^* = \frac{100}{3} \right)$일 때의 이윤이 최대가 됨을 알 수 있다.

6. 이익$= \pi(q_1,\ q_2) = 70(q_1 + q_2) - 2(q_1 + q_2)^2 - q_1^2 - 2q_2$

따라서 π를 q_1과 q_2에 대해 미분한 뒤 0으로 놓고 방정식을 풀면 다음 결과가 나온다.

$$\frac{\partial \pi}{\partial q_1} = 70 - 6q_1 - 4q_2 = 0$$

$$\frac{\partial \pi}{\partial q_2} = 68 - 4q_1 - 4q_2 = 0$$

$$q_1^* = 1,\ q_2^* = 16$$

7. (a) $\frac{\partial f}{\partial x} = 4x + 2z - 1 = 0$

$\frac{\partial f}{\partial y} = 2y + 3z - 1 = 0$

$\frac{\partial f}{\partial z} = 6z + 2x + 3y - 1 = 0$

을 만족시키는 해를 구해보면 $\left(x^* = \frac{5}{4},\ y^* = \frac{7}{2},\ z^* = -2 \right)$가 됨을 알 수 있다. 제2차 충분조건을 위한 헤시안행렬을 구해보면

$$\mathbf{H} = \begin{bmatrix} 4 & 0 & 2 \\ 0 & 2 & 3 \\ 2 & 3 & 6 \end{bmatrix}$$

이 되므로 $|\mathbf{H}_1| = 4 > 0$, $|\mathbf{H}_2| = 8 > 0$, $|\mathbf{H}_3| = 4 > 0$에서 $f\left(\frac{5}{4},\ \frac{7}{2},\ -2 \right)$가 극솟값임을 알 수 있다.

(b) $\frac{\partial f}{\partial x} = -4x - 3y = 0$

$\frac{\partial f}{\partial y} = -4y - 3x + 1 = 0$

$\frac{\partial f}{\partial z} = -2z + 1 = 0$

에서 $\left(x^* = -\frac{3}{7},\ y^* = \frac{4}{7},\ z^* = \frac{1}{2}\right)$이 제1차 필요조건을 만족시킴을 알 수 있다. 제2차 충분조건을 위한 헤시안행렬을 구해보면

$$\mathbf{H} = \begin{bmatrix} -4 & -3 & 0 \\ -3 & -4 & 0 \\ 0 & 0 & -2 \end{bmatrix}$$

가 됨을 알 수 있다. $|\mathbf{H}_1| = -4 < 0$, $|\mathbf{H}_2| = 16 - 9 > 0$, $|\mathbf{H}_3| = -16 < 0$에서 $f\left(-\frac{3}{7},\ \frac{4}{7},\ \frac{1}{2}\right)$이 극댓값임을 알 수 있다.

(c) $\frac{\partial f}{\partial x} = -12x^2 + 4y + 4 = 0$

$\frac{\partial f}{\partial y} = 4x - 2y = 0$

$\frac{\partial f}{\partial z} = -16z + 2 = 0$

을 만족하는 해는 $\left(x^* = 1,\ y^* = 2,\ z^* = \frac{1}{8}\right)$과 $\left(x^* = -\frac{1}{3},\ y^* = -\frac{2}{3},\ z^* = \frac{1}{8}\right)$ 두 개가 존재한다.

제2차 충분조건을 위한 헤시안행렬이 다음과 같으므로

$$\mathbf{H} = \begin{bmatrix} -24x & 4 & 0 \\ 4 & -2 & 0 \\ 0 & 0 & -16 \end{bmatrix}$$

(i) $\left(x^* = 1,\ y^* = 2,\ z^* = \frac{1}{8}\right)$

$|\mathbf{H}_1| = -24 < 0$, $|\mathbf{H}_2| = 48 - 16 > 0$,

$|\mathbf{H}_3| = (-24x)(32) - 4(-64) = -512 < 0$

따라서 이 해는 극댓값을 도출해 낸다.

(ii) $\left(x^* = -\frac{1}{3},\ y^* = -\frac{2}{3},\ z^* = \frac{1}{8}\right)$

$|\mathbf{H}_1| = 8 > 0,\ |\mathbf{H}_2| = -16 - 16 < 0,\ |\mathbf{H}_3| = (-24x)(32) - (4)(-64) > 0$

따라서 극대도 극소도 아니다.

8. (a) $\pi = R_1(Q_1) + R_2(Q_2) + R_3(Q_3) - C(Q_1 + Q_2 + Q_3)$로 놓고, $\pi_i \equiv \frac{\partial \pi}{\partial Q_i}$라 정의한다면

$$\pi_1 = R_1'(Q_1) - C'(Q) \cdot \frac{\partial(Q_1 + Q_2 + Q_3)}{\partial Q_1} = R_1'(Q_1) - C'(Q)$$

$$\pi_2 = R_2'(Q_2) - C'(Q) \cdot \frac{\partial(Q_1 + Q_2 + Q_3)}{\partial Q_2} = R_2'(Q_1) - C'(Q)$$

$$\pi_3 = R_3'(Q_3) - C'(Q) \cdot \frac{\partial(Q_1 + Q_2 + Q_3)}{\partial Q_3} = R_3'(Q_1) - C'(Q)$$

(여기서 $Q = Q_1 + Q_2 + Q_3$임)

제1차 필요조건은 $R_1'(Q_1) = R_2'(Q_2) = R_3'(Q_3) = C'(Q)$가 되며, 이는 곧 $MC = MR_1 = MR_2 = MR_3$를 의미한다. 한편

$$\pi_{11} = R_1''(Q_1) - C''(Q) \cdot \frac{\partial(Q_1 + Q_2 + Q_3)}{\partial Q_1} = R_1''(Q_1) - C''(Q)$$

$$\pi_{22} = R_2''(Q_2) - C''(Q)$$

$$\pi_{33} = R_3''(Q_3) - C''(Q)$$

$\pi_{12} = \pi_{21} = \pi_{13} = \pi_{31} = \pi_{23} = \pi_{32} = -C''(Q)$를 이용하면

$$\mathbf{H} = \begin{bmatrix} R_1'' - C'' & -C'' & -C'' \\ -C'' & R_2'' - C'' & -C'' \\ -C'' & -C'' & R_3'' - C'' \end{bmatrix}$$

이 된다. 따라서 $Q_1^*,\ Q_2^*,\ Q_3^*$는 다음의 세 조건을 충족해야 한다.

(i) $|\mathbf{H}_1| = R_1'' - C'' < 0$

(ii) $|\mathbf{H}_2| = (R_1'' - C'')(R_2'' - C'') - (C'')^2 > 0$

(iii) $|\mathbf{H}_3| = R_1'' R_2'' R_3'' - (R_1'' R_2'' + R_1'' R_3'' + R_2'' R_3'')C'' < 0$

(b) $R_1' = 6 - 2Q_1$, $R_2' = 12 - 4Q_2$, $R_3' = 22 - 6Q_3$, $C' = 4$이므로 $(Q_1^* = 1, Q_2^* = 2, Q_3^* = 3)$이 제1차 필요조건을 충족한다.

$R_1'' = -2$, $R_2'' = -4$, $R_3'' = -6$, $C'' = 0$이므로 $|\mathbf{H}_1| = -2$, $|\mathbf{H}_2| = 8$, $|\mathbf{H}_3| = -48$이 되어 $Q_1^* = 1$, $Q_2^* = 2$, $Q_3^* = 3$이 순이익을 최대화함을 알 수 있다.

9. (a) $\mathbf{H} = \begin{bmatrix} -2 & 0 \\ 0 & -2 \end{bmatrix}$이므로 $|\mathbf{H}_1| = -2 < 0$, $|\mathbf{H}_2| = 4 > 0$이 된다. 따라서 함수 f는 (엄격한) 오목함수이다.

(b) $\mathbf{H} = \begin{bmatrix} 6 & -3 \\ -3 & 2 \end{bmatrix}$이므로 $|\mathbf{H}_1| = 6 > 0$, $|\mathbf{H}_2| = 12 - 9 = 3 > 0$이 된다. 따라서 함수 f는 (엄격한) 볼록함수이다.

(c) $\mathbf{H} = \begin{bmatrix} 54x^{-3} & 1 \\ 1 & 54y^{-3} \end{bmatrix}$로 x와 y값에 따라 $|\mathbf{H}_2| = (54)^2 x^{-3} y^{-3} - 1$이 0보다 크거나 작을 수 있다. 따라서 함수 f는 볼록함수도 오목함수도 아니다.

(d) $\mathbf{H} = \begin{bmatrix} 2 & 0 \\ 0 & \frac{1}{y} \end{bmatrix}$이므로 함수 f는 볼록함수도 오목함수도 아니다.

10. $\mathbf{H} = \begin{bmatrix} 2 & a \\ a & 2 \end{bmatrix}$이므로 f가 볼록함수이기 위해서는 $|\mathbf{H}_2| = 4 - a^2 > 0$이 성립해야 한다. 즉 $-2 < a < 2$가 성립해야 한다. 한편 $|\mathbf{H}_1| = 2 > 0$이므로 f는 오목함수가 될 수 없다.

11. (a) $\dfrac{\partial f}{\partial x} = 4x + 2z - 1,\ \dfrac{\partial f}{\partial y} = 2y + 3z,\ \dfrac{\partial f}{\partial z} = 6z + 2x + 3y$에서 $\mathrm{H} = \begin{bmatrix} 4 & 0 & 2 \\ 0 & 2 & 3 \\ 2 & 3 & 6 \end{bmatrix}$

이 도출된다.

$|\mathrm{H}_1| = 4 > 0,\ |\mathrm{H}_2| = 8 - 0 > 0,\ |\mathrm{H}_3| = 4 > 0$이므로 f가 (엄격한) 볼록함수임을 알 수 있다. 따라서 제1차 필요조건을 만족시키는 $\left(x^* = \dfrac{3}{4},\ y^* = \dfrac{3}{2},\ z^* = -1\right)$에서 최솟값을 취함을 알 수 있다.

(b) $\dfrac{\partial f}{\partial x} = -4x - 3y,\ \dfrac{\partial f}{\partial y} = -4y - 3x + 1,\ \dfrac{\partial f}{\partial z} = -2z + 1$에서 $\mathrm{H} = \begin{bmatrix} -4 & -3 & 0 \\ -3 & -4 & 0 \\ 0 & 0 & -2 \end{bmatrix}$

가 도출된다.

$|\mathrm{H}_1| = -4 < 0,\ |\mathrm{H}_2| = 16 - 9 = 7 > 0,\ |\mathrm{H}_3| = (-4)(8) - (-3)(6) = -14 < 0$이므로 f가 (엄격한) 오목함수임을 알 수 있다. 따라서 제1차 필요조건을 충족하는 $\left(x^* = -\dfrac{3}{7},\ y^* = \dfrac{4}{7},\ z = \dfrac{1}{2}\right)$에서 최댓값을 취함을 알 수 있다.

(c) $\dfrac{\partial f}{\partial x} = 12x^2 - 3y,\ \dfrac{\partial f}{\partial y} = 4y - 3x - 1,\ \dfrac{\partial f}{\partial z} = 2z - 1$에서 $\mathrm{H} = \begin{bmatrix} 24x & -3 & 0 \\ -3 & 4 & 0 \\ 0 & 0 & 2 \end{bmatrix}$

가 도출된다.

그러나 $|\mathrm{H}_1| = 24x$가 x값에 따라 부호가 바뀌므로 f는 볼록함수도 오목함수도 아니다.

12. $L^* = K^* = 4{,}096$이며 헤시안행렬 $\mathrm{H} = \dfrac{1}{8,192}\begin{bmatrix} -3 & 2 \\ 2 & -4 \end{bmatrix}$를 고려하면 앞에서 도출한 해가 최댓값임을 알 수 있다.

13. 이 기업의 이윤은 다음과 같이 정의된다.

$$\pi(L,\ K) = 100L^{0.2}K^{0.6} - 10L - 20K$$

$$\frac{\partial \pi}{\partial L} = 20L^{-0.8}K^{0.6} - 10 = 0$$

$$\frac{\partial \pi}{\partial K} = 60L^{0.2}K^{-0.4} - 20 = 0$$

이 두 식을 만족하는 L과 K는 $L = \left(\frac{2}{3}\right)K$를 만족한다. 이 식을 다시 대입하여 해를 구하면 $L^* = 108,\ K^* = 162$가 도출된다. 한편,

$$|\mathbf{H}_1| = -16\frac{K^{0.6}}{L^{1.8}} < 0$$

$$|\mathbf{H}| = (20)(60)L^{-1.6}K^{-0.8}(1 - 0.2 - 0.6)$$

$$= \frac{240}{L^{1.6}K^{0.8}} > 0$$

이므로 앞에서 구한 값은 이윤을 극대화하는 투입량임을 알 수 있다.

14. 이익은 수익에서 원가를 뺀 것이므로, $\pi = 4px^{\frac{1}{3}}y^{\frac{2}{3}} - p_x x - p_y y$가 성립하며 이 함수를 x와 y에 대해 각각 미분하면 다음 결과가 도출된다.

$$\frac{\partial \pi}{\partial x} = \frac{4}{3}p\left(\frac{y}{x}\right)^{\frac{2}{3}} - p_x = 0$$

$$\frac{\partial \pi}{\partial y} = \frac{8}{3}p\left(\frac{x}{y}\right)^{\frac{1}{3}} - p_y = 0$$

한편

$$\pi_{xx} = \frac{8py^{\frac{2}{3}}}{9x^{\frac{5}{3}}},\ \pi_{xy} = \pi_{yx} = \frac{8p}{9x^{\frac{2}{3}}y^{\frac{1}{3}}},\ \pi_{yy} = -\frac{8px^{\frac{1}{3}}}{9y^{\frac{4}{3}}}$$

$$|\mathbf{H}| = \frac{64p^2}{(81)x^{\frac{4}{3}}y^{\frac{2}{3}}} - \frac{64p^2}{(81)x^{\frac{4}{3}}y^{\frac{2}{3}}} = 0$$

$$|\mathbf{H}_1| = \frac{-8py^{\frac{2}{3}}}{9x^{\frac{5}{3}}} < 0$$

그러나 $|\mathbf{H}_2| = |\mathbf{H}| = 0$이어서 이익극대화 여부를 판정할 수 없다.

15. 순이익은 $\pi(x,\ y) = 15x + 9y - 0.04x^2 - 0.01xy - 0.01y^2 - 4x - 2y - 500$

$$\frac{\partial \pi}{\partial x} = -0.08x - 0.01y + 11 = 0$$

$$\frac{\partial \pi}{\partial y} = -0.01x - 0.02y + 7 = 0$$

$$\Rightarrow x^* = 100,\ y^* = 300,\ \pi(100,\ 300) = 1{,}100$$

$$\mathbf{H} = \begin{bmatrix} -0.08 & -0.01 \\ -0.01 & -0.02 \end{bmatrix}$$

$$|\mathbf{H}_1| = -0.08 < 0,\ |\mathbf{H}_2| = 0.0016 - 0.0011 > 0$$

따라서 앞에서 구한 값이 최댓값임을 알 수 있다.

16. $$\frac{\partial \pi}{\partial x} = 6x^{-\frac{1}{2}}y^{\frac{1}{4}} - 1.2 = 0$$

$$\frac{\partial \pi}{\partial y} = 3x^{\frac{1}{2}}y^{-\frac{3}{4}} - 0.6 = 0$$

$$\Rightarrow x^{-\frac{1}{2}}y^{\frac{1}{4}} = x^{\frac{1}{2}}y^{-\frac{3}{4}} = 0.2$$

이를 정리하면 $x^{-\frac{1}{4}} = y^{-\frac{1}{4}} = 0.2$, 또는 $x^* = y^* = 625$가 됨을 알 수 있다.

$$\mathbf{H} = \begin{bmatrix} -3x^{-\frac{3}{2}}y^{\frac{1}{4}} & \frac{3}{2}x^{-\frac{1}{2}}y^{-\frac{3}{4}} \\ \frac{3}{2}x^{-\frac{1}{2}}y^{-\frac{3}{4}} & -\frac{9}{4}x^{\frac{1}{2}}y^{-\frac{7}{4}} \end{bmatrix}$$

$|\mathbf{H}_1| = -3x^{-\frac{3}{2}}y^{\frac{1}{4}} < 0$ (x와 y는 양수이므로)

$|\mathbf{H}_2| = \frac{27}{4}x^{-\frac{2}{2}}y^{-\frac{6}{4}} - \frac{9}{4}x^{-\frac{2}{2}}y^{-\frac{6}{4}} > 0$

따라서 $x^* = y^* = 625$는 최대이익을 보장한다.

17. $\frac{\partial P}{\partial x} = -4x + 22 = 0$

$\frac{\partial P}{\partial y} = -2y + 18 = 0$

$\Rightarrow x^* = 5.5,\ y^* = 9$

$\mathbf{H} = \begin{bmatrix} -4 & 0 \\ 0 & -2 \end{bmatrix}$

$|\mathbf{H}_1| = -4$, $|\mathbf{H}_2| = 8 - 0 > 0$이므로 ($x^* = 5.5,\ y^* = 9$)는 이익을 극대화하는 전략에 해당한다.

18. 매출액에서 생산비용을 공제하면 순이익이 도출된다.

$$\begin{aligned}\pi(x,\ y) &= (65 - x - y)x + (90 - x - 2y)y - [x^2 + xy + y^2] \\ &= 65x - 2x^2 - 3xy - y^2 + 90y\end{aligned}$$

한편

$$\frac{\partial \pi}{\partial x} = 65 - 4x - 3y = 0$$

$$\frac{\partial \pi}{\partial y} = -3x - 6y + 90 = 0$$

이 두 식을 이용하면 $x^* = 8,\ y^* = 11$이 도출된다. 헤시안행렬을 구해보면 $|\mathbf{H}| = \begin{vmatrix} -4 & -3 \\ -3 & -6 \end{vmatrix}$에서 $|\mathbf{H}_1| = -4 < 0$, $|\mathbf{H}_2| = 24 - 9 = 15 > 0$이 성립하므로 앞에서 구한 값들이 이익을 극대화하는 대안이라는 것을 알 수 있다.

19. (a) $f(x,\ y) = [x\ \ y]\begin{bmatrix} 3 & -\frac{3}{2} \\ -\frac{3}{2} & 1 \end{bmatrix}\begin{bmatrix} x \\ y \end{bmatrix}$이므로 $\mathbf{A} = \begin{bmatrix} 3 & -\frac{3}{2} \\ -\frac{3}{2} & 1 \end{bmatrix}$이라 할 때

$|\mathbf{A}_1| = 3 > 0,\ |\mathbf{A}_2| = 3 - \frac{9}{4} = \frac{3}{4} > 0$이 성립하므로 f가 양의 정부호형식임을 알 수 있다.

(b) $\mathbf{A} = \begin{bmatrix} 1 & -3 \\ -3 & 1 \end{bmatrix}$일 때 $|\mathbf{A}_1| = 1 > 0,\ |\mathbf{A}_2| = 1 - 9 = -8$이므로 어디에도 속하지 않는다.

(c) $\mathbf{A} = \begin{bmatrix} -1 & 1 \\ 1 & -3 \end{bmatrix}$일 때 $|\mathbf{A}_1| = -1,\ |\mathbf{A}_2| = 3 - 1 = 2 > 0$이므로 g는 음의 정부호형식에 속한다.

20. (a) $\mathbf{A} = \begin{bmatrix} 2 & 0 & 1 \\ 0 & 4 & 3 \\ 1 & 3 & 3 \end{bmatrix},\ \ |\mathbf{A}_1| = 2,\ \ |\mathbf{A}_2| = 8,\ \ |\mathbf{A}_3| = (2)(12-9) + (1)(0-4) = 2$

이므로 f는 양의 정부호형식이다.

(b) $\mathbf{A} = \begin{bmatrix} -2 & -3 & 0 \\ -3 & -2 & 0 \\ 0 & 0 & -4 \end{bmatrix},\ \ |\mathbf{A}_1| = -2,\ \ |\mathbf{A}_2| = 4 - 9 = -5,\ \ |\mathbf{A}_3| = (-2)(8-0) -$

$(-3)(12-0) = 20$이므로 어디에도 속하지 않는다.

(c) $\mathbf{A} = \begin{bmatrix} -4 & 2 & 0 \\ 2 & -3 & 0 \\ 0 & 0 & -8 \end{bmatrix},\ |\mathbf{A}_1| = -4,\ |\mathbf{A}_2| = 12 - 4 = 8,$

$|\mathbf{A}_3| = (-4)(24-0) - (2)(-16-0) = -64$이므로 h는 음의 정부호형식에 속한다.

21.

$$\Pi = R - C = P_A Q_A + P_B Q_B - (2Q_A^2 + Q_A Q_B + 2Q_B^2)$$

$$\frac{\partial \Pi}{\partial Q_A} = P_A - 4Q_A - Q_B = 0, \quad \frac{\partial \Pi}{\partial Q_B} = P_B - Q_A - 4Q_B = 0$$

위 식에 제시된 일계조건을 풀면

$$Q_A^* = \frac{4P_A - P_B}{15}, \quad Q_B^* = \frac{4P_B - P_A}{15}$$

일계조건에서 제시된 해가 최대이익을 가져다주는지 확인하기 위하여 헤시안행렬을 통해 부호를 검정하면

$$H = \begin{bmatrix} \Pi_{11} & \Pi_{12} \\ \Pi_{21} & \Pi_{22} \end{bmatrix} = \begin{bmatrix} -4 & -1 \\ -1 & -4 \end{bmatrix}$$

가 되고

$$|\mathbf{A}_1| = -4 < 0, \ |\mathbf{A}_2| = (-4)\times(-4) - (-1)\times(-1) = 15 > 0$$

이 된다. 따라서 일계조건에 의해 구해진 해는 이익극대화를 실현해 줄 수 있는 최적해라고 볼 수 있다.

제12장 제약조건하의 극대 · 극소

1. (a) $x = 5 + y$이므로

$$f(x,\ y) = 5(5 + y) + 2(5 + y)y + 7y = 2y^2 + 22y + 25$$

$$\frac{\partial f}{\partial y} = 4y + 22 = 0 \Rightarrow y^* = -\frac{11}{2},\ x^* = -\frac{1}{2}$$

$\dfrac{\partial^2 f}{\partial y^2} = 4 > 0$ 따라서 $f\left(\dfrac{1}{2},\ \dfrac{11}{2}\right)$이 극솟값임을 알 수 있다.

(b) $x = 2 - \dfrac{3}{2}y$이므로

$$f(x,\ y) = \left(2 - \frac{3}{2}y\right)^2 + 5\left(2 - \frac{3}{2}y\right)y + 2y^2 = -\frac{13}{4}y^2 + 4y + 4$$

$$\frac{df}{dy} = -\frac{13}{2}y + 4 = 0 \ \Rightarrow\ y^* = \frac{8}{13},\ x^* = \frac{14}{13}$$

$\dfrac{d^2 f}{dy^2} = -\dfrac{13}{2} < 0$ 따라서 $f\left(\dfrac{14}{13},\ \dfrac{8}{13}\right)$이 극댓값임을 알 수 있다.

(c) $x = 6 - 2y$이므로

$$f(x,\ y) = (6 - 2y)^2 + 2y^2 = 6y^2 - 24y + 36$$

$$\frac{df}{dy} = 12y - 24 = 0 \ \Rightarrow\ y^* = 2,\ x^* = 2$$

$\dfrac{d^2 f}{dy^2} = 12 > 0$ 따라서 $f(2,\ 2)$가 극솟값임을 알 수 있다.

(d) $x^* = \dfrac{4}{5},\ y^* = \dfrac{8}{5},\ \lambda^* = \dfrac{8}{5}$

(e) $x^* = 50,\ y^* = 50,\ \lambda^* = 250$

2. 최대화 $f(x_1,\ x_2) = 3x_1^{\frac{2}{3}}x_2^{\frac{1}{3}}$

제약조건 : $5x_1 + 10x_2 = 100$

$x_2 = \dfrac{100 - 5x_1}{10}$ 인 것을 이용하면, $f = 3x_1^{\frac{2}{3}}\left(\dfrac{100 - 5x_1}{10}\right)^{\frac{1}{3}}$ 이 되며

$$\frac{df}{dx_1} = 3\left[\frac{2}{3}x_1^{-\frac{1}{3}}\left(10 - \frac{x_1}{2}\right)^{\frac{1}{3}} + \frac{1}{3}\left(10 - \frac{x_1}{2}\right)^{-\frac{2}{3}}\left(-\frac{1}{2}\right)x_1^{\frac{2}{3}}\right]$$

$$= x_1^{-\frac{1}{3}}\left[2\left(10 - \frac{x_1}{2}\right)^{\frac{1}{3}} - \frac{x_1}{2}\left(10 - \frac{x_1}{2}\right)^{-\frac{2}{3}}\right]$$

$$= x_1^{-\frac{1}{3}}\left(10 - \frac{x_1}{2}\right)^{-\frac{2}{3}}\left[2\left(10 - \frac{x_1}{2}\right) - \frac{x_1}{2}\right] = 0$$

따라서 제1차 필요조건은 $x_1^* = 0,\ x_1^* = 20,\ x_1^* = \dfrac{40}{3}$ 일 때 각각 충족된다.

그러나 $(x_1^* = 0,\ x_2^* = 10)$과 $(x_1^* = 20,\ x_2^* = 0)$일 경우 $f(x_1^*,\ x_2^*) = 0$이 되므로 $\left(x_1^* = \dfrac{40}{3},\ x_2^* = \dfrac{20}{3}\right)$만 분석해도 충분하다.

$$\frac{d^2 f}{{dx_1}^2} = -\frac{1}{3}x_1^{-\frac{4}{3}}\left(10 - \frac{x_1}{2}\right)^{-\frac{2}{3}}\left(20 - \frac{3}{2}x_1\right)$$

$$+ x_1^{-\frac{1}{3}}\left[-\frac{2}{3}\left(10 - \frac{x_1}{2}\right)^{-\frac{5}{3}}\left(-\frac{1}{2}\right)\left(20 - \frac{3}{2}x_1\right) + \left(-\frac{3}{2}\right)\left(10 - \frac{x_1}{2}\right)^{-\frac{2}{3}}\right]$$

위에서 구한 $\dfrac{d^2 f}{{dx_1}^2}$를 $x_1^* = \dfrac{40}{3}$에서 평가해 보면 그 값이 0보다 작아, $f\left(\dfrac{40}{3},\ \dfrac{20}{3}\right)$이 극댓값임을 알 수 있다.

3. (a) $L(x,\ y,\ \lambda) = 2x^2 - y^2 - 3 + \lambda(1 - x - y)$

$$\left.\begin{aligned} \frac{\partial L}{\partial x} &= 4x - \lambda = 0 \\ \frac{\partial L}{\partial y} &= -2y - \lambda = 0 \\ \frac{\partial L}{\partial \lambda} &= 1 - x - y = 0 \end{aligned}\right] \Rightarrow x^* = \frac{\lambda}{4},\ y^* = -\frac{\lambda}{2}$$

또한 $1 - x - y = 1 - \frac{\lambda}{4} + \frac{\lambda}{2} = 0$에서 $\lambda = -4$임을 알 수 있으므로 $x^* = -1,\ y^* = 2$가 도출된다.

$$|\overline{\mathbf{H}}| = \begin{vmatrix} 0 & 1 & 1 \\ 1 & 4 & 0 \\ 1 & 0 & -2 \end{vmatrix} = (-1)(-2-0) + (1)(0-4) = -2 < 0$$

따라서 $f(-1,\ 2)$가 극솟값임을 알 수 있다.

(b) $L(x,\ y,\ \lambda) = 3x + 4y + \lambda(9 - x^2 - y^2)$

$$\frac{\partial L}{\partial x} = 3 - 2\lambda x = 0 \Rightarrow x^* = \frac{3}{2\lambda}$$

$$\frac{\partial L}{\partial y} = 4 - 2\lambda y = 0 \Rightarrow y^* = \frac{4}{2\lambda}$$

$$\frac{\partial L}{\partial \lambda} = 9 - x^2 - y^2 = 0$$

또한 $9 - x^2 - y^2 = 9 - \frac{9}{4\lambda^2} - \frac{16}{4\lambda^2} = 0$에서 $\lambda^* = \pm\frac{5}{6}$임을 알 수 있다.

$$|\overline{\mathbf{H}}| = \begin{vmatrix} 0 & 2x & 2y \\ 2x & -2\lambda & 0 \\ 2y & 0 & -2\lambda \end{vmatrix}$$

(i) $\lambda^* = -\frac{5}{6},\ x^* = -\frac{9}{5},\ y^* = -\frac{12}{5}$

$$|\overline{\mathbf{H}}| = (-2x)(-4\lambda x) + (2y)(-4\lambda y) = 8\lambda(x^2 - y^2) > 0$$

따라서 $f\left(-\frac{9}{5},\ -\frac{12}{5}\right)$가 극댓값임을 알 수 있다.

(ii) $\lambda^* = \frac{5}{6}$, $x^* = \frac{9}{5}$, $y^* = \frac{12}{5}$

$$|\overline{\mathbf{H}}| = 8\lambda(x^2 - y^2) < 0$$

따라서 $f\left(\frac{5}{6}, \frac{9}{5}\right)$가 극솟값임을 알 수 있다.

(c) $L(x, y, \lambda) = x^2 + 2xy + 1 + \lambda(27 - x^2 y)$

$\frac{\partial L}{\partial x} = 2x + 2y - 2xy\lambda = 0 \Rightarrow x + y = xy\lambda$

$\frac{\partial L}{\partial y} = 2x - x^2\lambda = 0 \Rightarrow x^* = \frac{2}{\lambda}$

$\frac{\partial L}{\partial \lambda} = 27 - x^2 y = 0$

$x + y = xy\lambda \Rightarrow \frac{2}{\lambda} + y = \frac{2}{\lambda} \cdot y \cdot \lambda \Rightarrow y^* = \frac{2}{\lambda}$

또한 $27 - x^2 y = 0$을 이용하면 $27 = x^2 y = \left(\frac{2}{\lambda}\right)^3 \Rightarrow \frac{2}{\lambda} = 3 \Rightarrow \lambda = \frac{2}{3}$,

$x^* = y^* = 3$이 도출된다.

$$|\overline{\mathbf{H}}| = \begin{vmatrix} 0 & 2xy & x^2 \\ 2xy & 2-2\lambda y & 2-2\lambda x \\ x^2 & 2-2\lambda x & 0 \end{vmatrix}$$

$$= (-2xy)[-(2-2\lambda x)x^2] + (x^2)[(2xy)(2-2\lambda x) - (2-2\lambda y)x^2]$$

$$= -18[-(2-4)(9)] + (9)[(2-4)(9)] < 0$$

따라서 $f(3, 3)$이 극솟값임을 알 수 있다.

4. (a) $L = x^2 + y^2 + \lambda(25 - 3x - 4y)$

$\frac{\partial L}{\partial x} = 2x - 3\lambda = 0$

$\frac{\partial L}{\partial y} = 2y - 4\lambda = 0$

$\frac{\partial L}{\partial \lambda} = 25 - 3x - 4y = 0$

첫 두 식에서 $x = \frac{3}{2}\lambda,\ y = 2\lambda$

세 번째 식에 대입하면 $25 - (3)\left(\frac{3}{2}\right)\lambda - (4)(2\lambda) = 0$이므로 $\lambda = 2$

따라서 $x^* = 3,\ y^* = 4$가 계산된다.

$f(3,\ 4) = 3^2 + 4^2 = 25$는 최솟값

(b) $L = x_1^{0.25}x_2^{0.75} + \lambda(10 - 2x_1^2 - 5x_2^2)$

제1차 필요조건을 구하면 다음과 같다.

$$0.25x_1^{-0.75}x_2^{0.75} - 4\lambda x_1 = 0$$
$$0.75x_1^{0.25}x_2^{-0.25} - 10\lambda x_2 = 0$$
$$10 - 2x_1^2 - 5x_2^2 = 0$$

첫 두 식을 풀면, $x_2^2 - 1.2x_1^2$이므로 세 번째 식에 치환하여 풀면 $x_1^* = \frac{\sqrt{5}}{2}$, $x_2^* = \frac{\sqrt{6}}{2}$가 도출된다. 목적함수가 오목함수이므로 이 해는 최적해이다.

(c) $L = (x_1 + 2)(x_2 + 1) + \lambda(21 - x_1 - x_2)$

제1차 필요조건을 구하면 다음과 같다.

$$(x_2 + 1) - \lambda = 0$$
$$(x_1 + 2) - \lambda = 0$$
$$21 - x_1 + x_2 = 0$$

첫 두 식에서 $x_2 = x + 1$임을 알 수 있으므로, 세 번째 식에 활용하면 $x_1^* = 10,\ x_2^* = 11$이 도출된다. $f = (x_1 + 2)(x_2 + 1)$은 오목함수로 앞에서 구한 x값이 최적해이다.

(d) $L = 200 + 6x^2 + 10y^2 + \lambda(160 - x - y)$

$\frac{\partial L}{\partial \lambda} = 160 - x - y = 0,\ \frac{\partial L}{\partial x} = 12x - \lambda = 0,\ \frac{\partial L}{\partial y} = 20y - \lambda = 0$

마지막 두 식에서 $x = \frac{5}{3}y$임을 알 수 있으므로 제약식에 대입하면

$160 - \frac{5y}{3} - y = 0 \Rightarrow y^* = 60$이 도출된다.

$x+y=160$이므로 $x^*=100$이 나온다.

$$|\overline{\mathbf{H}}| = \begin{vmatrix} 0 & 1 & 1 \\ 1 & 12 & 0 \\ 1 & 0 & 20 \end{vmatrix} = -20-12=-32<0$$

따라서 $(x^*=100,\ y^*=60)$에서 $C(x,\ y)$가 최소가 된다.

(e) $F=2xy+\lambda(6-x-y)$

$$\frac{\partial F}{\partial x}=2y-\lambda=0$$

$$\frac{\partial F}{\partial y}=2x-\lambda=0$$

$$\frac{\partial F}{\partial \lambda}=x+y-6=0$$

첫 두 식에서 $x=y=\dfrac{\lambda}{2}$

세 번째 식에서 $x+y-6=\dfrac{\lambda}{2}+\dfrac{\lambda}{2}-6=0$

따라서 $\lambda=6$

$x^*=y^*=3,\ \lambda=6$

5. $L(x,\ y,\ \lambda)=4x+8y+70+\lambda\left(60-3x^{\frac{1}{3}}y^{\frac{2}{3}}\right)$

$$\frac{\partial L}{\partial x}=4-\lambda x^{-\frac{2}{3}}y^{\frac{2}{3}}=0 \Rightarrow y^{\frac{2}{3}}=\frac{4}{\lambda}x^{\frac{2}{3}}$$

$$\frac{\partial L}{\partial y}=8-2\lambda x^{\frac{1}{3}}y^{-\frac{1}{3}}=0 \Rightarrow x^{\frac{1}{3}}=\frac{4}{\lambda}y^{\frac{1}{3}}$$

$$\frac{\partial L}{\partial \lambda}=60-3x^{\frac{1}{3}}y^{\frac{2}{3}}=0$$

$y^{\frac{2}{3}}=\dfrac{4}{\lambda}\cdot x^{\frac{2}{3}}$와 $60-3x^{\frac{1}{3}}y^{\frac{2}{3}}=0$을 이용하면 $60-3x^{\frac{1}{3}}\cdot\dfrac{4}{\lambda}\cdot x^{\frac{2}{3}}=0$에서 $5\lambda=x$임을 알 수 있다. 마찬가지로 $x^{\frac{1}{3}}=\dfrac{4}{\lambda}y^{\frac{1}{3}}$과 $60-3x^{\frac{1}{3}}y^{\frac{2}{3}}=0$을 이용하면 $60-\dfrac{12}{\lambda}y=0$에서 $5\lambda=y$가 도출된다. 따라서 $x^*=y^*$이며 $60-3x^{\frac{1}{3}}y^{\frac{2}{3}}=0$에서

$x^* = y^* = 20$, $\lambda^* = 4$임을 알 수 있다.

$$|\overline{\mathrm{H}}| = \begin{vmatrix} 0 & x^{-\frac{2}{3}}y^{\frac{2}{3}} & 2x^{\frac{1}{3}}y^{-\frac{1}{3}} \\ x^{-\frac{2}{3}}y^{\frac{2}{3}} & \frac{2}{3}\lambda x^{-\frac{5}{3}}y^{\frac{2}{3}} & -\frac{2}{3}\lambda x^{-\frac{2}{3}}y^{-\frac{1}{3}} \\ 2x^{\frac{1}{3}}y^{-\frac{1}{3}} & -\frac{2}{3}\lambda x^{-\frac{2}{3}}y^{-\frac{1}{3}} & \frac{2}{3}\lambda x^{\frac{1}{3}}y^{-\frac{4}{3}} \end{vmatrix}$$

$$= -x^{-\frac{2}{3}}y^{\frac{2}{3}}\left[\frac{2}{3}\lambda x^{-\frac{1}{3}}y^{-\frac{2}{3}} + \frac{4}{3}\lambda x^{-\frac{1}{3}}y^{-\frac{2}{3}}\right]$$

$$+ 2x^{\frac{1}{3}}y^{-\frac{1}{3}}\left[-\frac{2}{3}\lambda x^{-\frac{4}{3}}y^{\frac{1}{3}} - \frac{4}{3}\lambda x^{-\frac{4}{3}}y^{\frac{1}{3}}\right]$$

에서 $|\overline{\mathrm{H}}|$는 모든 $x > 0$, $y > 0$에 대해 0보다 작다는 것을 알 수 있다. 따라서 $f(20,\ 20)$은 극솟값이 된다.

6. $\dfrac{\partial L}{\partial x} = 40x^{(-0.2)}y^{(0.2)} - 40\lambda = 0$

$\dfrac{\partial L}{\partial y} = 10x^{(0.8)}y^{(-0.8)} - 80\lambda = 0$

$\dfrac{\partial L}{\partial \lambda} = 400{,}000 - 40x - 80y - 0$

$\lambda = \dfrac{y^{(0.2)}}{x^{(0.2)}}$, $\lambda = \dfrac{x^{(0.8)}}{8y^{(0.8)}}$

$\Rightarrow x = 8y$

제약식에 대입하면

$400{,}000 - 320y - 80y = 0$

$y = 1{,}000$, $x = 8{,}000$

λ는 약 0.6598

7. 총사용가능한 예산이 300만원이므로 제약조건은 $x + y = 300$이 되어, 이 식은 선형함수인을 알 수 있다.

$\dfrac{\partial f}{\partial x} = 3 - \dfrac{2x}{200}$, $\dfrac{\partial f}{\partial y} = 2 - \dfrac{2y}{100}$, $\dfrac{\partial^2 f}{\partial x^2} = -\dfrac{2}{200}$, $\dfrac{\partial^2 f}{\partial x \partial y} = 0$, $\dfrac{\partial^2 f}{\partial y^2} = -\dfrac{2}{100}$

$$|\mathbf{H}| = \begin{vmatrix} -\frac{2}{200} & 0 \\ 0 & -\frac{2}{100} \end{vmatrix}$$

$f(x,\ y)$가 오목함수이기 위해서는 모든 $(x,\ y)$값에 대해 $|\mathbf{H}_1| \le 0$, $|\mathbf{H}_2| \ge 0$을 충족해야 하는데, 이 함수의 경우 $|\mathbf{H}_1| = -\frac{2}{200} < 0$, $|\mathbf{H}_2| = \left(-\frac{2}{200}\right)\left(-\frac{2}{200}\right) - 0 > 0$이 성립하므로 $f(x,\ y)$는 오목함수이다.

$f(x,\ y)$가 오목함수이고 제약조건 $x+y=300$이 선형함수이므로 총이익을 최대화하는 $(x^*,\ y^*)$는 라그랑지승수법에서 제1차 필요조건을 충족하는 값이 된다.

$$L(x,\ y,\ \lambda) = 3x + 2y - \frac{1}{100}y^2 - \frac{1}{200}x^2 + \lambda(300 - x - y)$$

$$\frac{\partial L}{\partial x} = 3 - \frac{x}{100} - \lambda = 0$$

$$\frac{\partial L}{\partial y} = 2 - \frac{2y}{100} - \lambda = 0$$

$$\frac{\partial L}{\partial \lambda} = 300 - x - y = 0$$

첫 두 식에서 $3 - \frac{x}{100} = 2 - \frac{2y}{100}$ 가 성립하므로, 세 번째 식을 추가하여 연립방정식을 풀면 다음 결과가 도출된다.

$$x^* = \frac{700}{3},\ y^* = \frac{200}{3},\ \lambda^* = \frac{2}{3}$$

즉, 신제품 개발에 $\frac{700}{3}$만원, 광고선전에 $\frac{200}{3}$만원을 투자해야 한다.

8. 우선 이 문제를 수학적으로 정리하면 다음과 같다.

$$\text{이윤 } \pi(Q_1,\ Q_2) = 100\,Q_1 + 150\,Q_2 - (2\,Q_1^2 + Q_1 Q_2 + 2\,Q_2^2)$$

$$\text{제약조건 : } 4\,Q_1 + 6\,Q_2 = 200$$

제약조건이 선형의 형태를 취하고 있으므로 함수 $\pi(Q_1,\ Q_2)$가 오목함수이기만 하면, 라그랑지승수법의 제1차 필요조건을 충족하는 Q_i 값이 이윤을 최대화할 것이라는 것을 알 수 있다. 이제 헤시안 행렬식을 구해보기로 하자.

$$\frac{\partial \pi}{\partial Q_1} = 100 - 4Q_1 - Q_2, \quad \frac{\partial \pi}{\partial Q_2} = 150 - Q_1 - 4Q_2$$

$$\frac{\partial^2 \pi}{\partial Q_1^2} = -4, \quad \frac{\partial^2 \pi}{\partial Q_1 \partial Q_2} = -1, \quad \frac{\partial^2 \pi}{\partial Q_2^2} = -4$$

$$\mathbf{H} = \begin{bmatrix} -4 & -1 \\ -1 & -4 \end{bmatrix}$$

모든 (Q_1, Q_2)값에 대해 $|\mathbf{H}_1| < 0$, $|\mathbf{H}_2| = 16 - 1 > 0$이 성립하게 되므로 $\pi(Q_1, Q_2)$는 오목함수라는 것을 알 수 있다.

제1차 필요조건을 충족하는 해를 구하기 위해 라그랑지안을 정의하면 다음과 같다.

$$L(Q_1, Q_2, \lambda) = 100Q_1 + 150Q_2 - (2Q_1^2 + Q_1Q_2 + 2Q_2^2) + \lambda(200 - 4Q_1 - 6Q_2)$$

$$\frac{\partial L}{\partial Q_1} = 100 - 4Q_1 - Q_2 - 4\lambda = 0$$

$$\frac{\partial L}{\partial Q_2} = 150 - Q_1 - 4Q_2 - 6\lambda = 0$$

$$\frac{\partial L}{\partial \lambda} = 200 - 4Q_1 - 6Q_2 = 0$$

첫 두 식에서 $Q_2 = 2Q_1$임을 알 수 있으므로 이를 세 번째 식에 반영하면

$$200 - 4Q_1 - 6(2Q_1) = 0$$

$$16Q_1 = 200$$

$$Q_1^* = \frac{25}{2}, \quad Q_2^* = 25$$

가 도출된다. 또한 $100 - (4)\left(\frac{25}{2}\right) - 25 - 4\lambda = 0$에서 $\lambda^* = \frac{25}{4}$가 됨을 알 수 있다.

9. (a) $L(x_1, x_2, \lambda) = x_1x_2 + \lambda(200 - 10x_1 - 20x_2)$

$$\frac{\partial L}{\partial x_1} = x_2 - 10\lambda = 0 \Rightarrow x_2 = 10\lambda$$

$$\frac{\partial L}{\partial x_2} = x_1 - 20\lambda = 0 \Rightarrow x_1 = 20\lambda$$

$$\frac{\partial L}{\partial \lambda} = 200 - 10x_1 - 20x_2 = 0$$

$200 = (10)(20\lambda) + (20)(10\lambda) = 400\lambda$

$(\lambda^* = 0.5,\ x_1^* = 10,\ x_2^* = 5)$

$$|\overline{\mathbf{H}}| = \begin{vmatrix} 0 & 10 & 20 \\ 10 & 0 & 1 \\ 20 & 1 & 0 \end{vmatrix} = 200 + 200 = 400$$

따라서 $f(10,\ 5)$는 극댓값임을 알 수 있다.

(b) 간접세율 $= t = 10$

$L = x_1x_2 + \lambda(200 - (10 + t)x_1 - 20x_2)$

$$\frac{\partial L}{\partial x_1} = x_2 - (10 + t)\lambda = 0$$

$$\frac{\partial L}{\partial x_2} = x_1 - 20\lambda = 0$$

$$\frac{\partial L}{\partial \lambda} = 200 - (10 + t)x_1 - 20x_2 = 0$$

따라서 $t = 10$일 때, $x_1^* = 5,\ x_2^* = 5$ (여기서, 2계조건의 확인은 생략함)

(c) 소득세 $= 40$

$L = x_1x_2 + \lambda(160 - 10x_1 - 20x_2)$

$$\frac{\partial L}{\partial x_1} = x_2 - 10\lambda = 0$$

$$\frac{\partial L}{\partial x_2} = x_1 - 20\lambda = 0$$

$$\frac{\partial L}{\partial \lambda} = 160 - 10x_1 - 20x_2 = 0$$

첫 두 식으로부터, $2x_2 = x_1$

따라서 $160 - 20x_2 - 20x_2 = 0 \Rightarrow \tilde{x}_2^* = 4,\ \tilde{x}_1^* = 8$

간접세의 경우 $u(x_1^*,\ x_2^*) = 25$만큼 효용이 발생하며, 직접세하에서는 $u(\tilde{x}_1^*,\ \tilde{x}_2^*) = 32$만큼의 효용이 나타나므로 직접세가 더 많은 효용을 도출시킬 수 있다.

10. $L = x + y - 0.05x^2 - 0.05y^2 + \lambda(128 - 2x - 5y)$

$$\frac{\partial L}{\partial \lambda} = 128 - 2x - 5y = 0$$

$$\frac{\partial L}{\partial x} = 1 - 0.1x - 2\lambda = 0$$

$$\frac{\partial L}{\partial y} = 1 - 0.1y - 5\lambda = 0$$

마지막 두 식에서 $x = \dfrac{(3 + 0.2y)}{0.5}$임을 알 수 있으므로 이를 제약식에 활용하면

$128 - (2)\dfrac{(3 + 0.2y)}{0.5} - 5y = 0$에서 $y^* = 20,\ x^* = 14$가 도출된다.

$$|\overline{\mathrm{H}}| = \begin{vmatrix} 0 & 2 & 5 \\ 2 & -0.1 & 0 \\ 5 & 0 & -0.1 \end{vmatrix} = (-2)(-0.2) + (5)(0.5) = 2.9 > 0$$

따라서 $(x^* = 14,\ y^* = 20)$은 효용함수를 최대화하는 값이라 결론지을 수 있다.

11. 라그랑지안을 정의해 보면 다음과 같다.

$L = 250 + 3x^2 + 5y^2 + \lambda(120 - x - y)$

$$\frac{\partial L}{\partial x} - 6x - \lambda = 0$$

$$\frac{\partial L}{\partial y} = 10y - \lambda = 0$$

$$\frac{\partial L}{\partial \lambda} = 120 - x - y = 0$$

마지막 두 식에서 $3x = 5y$가 성립한다는 것을 알 수 있으므로 이를 제약식에 이용하면 $120 = \dfrac{5}{3}y + y$에서 $y^* = 45$가 도출된다. 따라서 $x^* = 75$이다.

유계헤시안을 구해보면

$$|\overline{\mathrm{H}}| = \begin{vmatrix} 0 & 1 & 1 \\ 1 & 6 & 0 \\ 1 & 0 & 10 \end{vmatrix} = (-1)(10) - 6 = -16 < 0$$

따라서 $C(75,\ 45)$가 극솟값(최솟값)이 됨을 알 수 있다.

12. $L = 6x^2 + 12y^2 + \lambda(90 - x - y)$

$$\frac{\partial L}{\partial x} = 12x - \lambda = 0$$

$$\frac{\partial L}{\partial y} = 24y - \lambda = 0$$

$$\frac{\partial L}{\partial \lambda} = 90 - x - y = 0$$

세 번째 식에 $x = \frac{1}{12}\lambda$, $y = \frac{1}{24}\lambda$를 대입하면 $90 - \frac{1}{12}\lambda - \frac{1}{24}\lambda = 0$에서 $\lambda = 720$

$x^* = 60$, $y^* = 30$, $\lambda^* = 720$

$f(60, 30) = 32,400$

13. $\mathbf{H} = \begin{bmatrix} -1.6 & 0 \\ 0 & -2.4 \end{bmatrix}$에서 $|\mathbf{H}_1| = -1.6 < 0$, $|\mathbf{H}_2| = (1.6)(2.4) > 0$이므로 f는 오목함수이다. 또한 제약조건이 선형함수이므로 제1차 필요조건만을 만족시키는 해를 구하면 된다.

$L(x_1, x_2, \lambda) = 25x_1 - 0.8x_1^2 + 30x_2 - 1.2x_2^2 + \lambda(40 - x_1 - 2x_2)$

$$\frac{\partial L}{\partial x_1} = 25 - 1.6x_1 - \lambda = 0 \Rightarrow x_1 = \frac{25 - \lambda}{1.6}$$

$$\frac{\partial L}{\partial x_2} = 30 - 2.4x_2 - 2\lambda = 0 \Rightarrow x_2 = \frac{30 - 2\lambda}{2.4}$$

$$\frac{\partial L}{\partial \lambda} = 40 - x_1 - 2x_2 = 0 \Rightarrow 40 = \frac{25 - \lambda}{1.6} + \frac{30 - 2\lambda}{1.2}$$

$$\Rightarrow \lambda \fallingdotseq 0.2727$$

$$\Rightarrow x_1^* \fallingdotseq 15.45, \; x_2^* \fallingdotseq 12.27$$

14. 각 期의 예산제약을 구하면

1기 : $C_1 = S$

2기 : $C_2 + (1 + r)S = 100$

위 두 예산제약을 하나의 예산제약으로 묶으면

$$C_1 + \frac{C_2}{1 + r} = \frac{100}{1 + r}$$

$$L(C_1,\ C_2,\ \lambda) = 4C_1C_2 + \lambda\left[\frac{100}{1+r} - C_1 - \frac{C_2}{1+r}\right]$$

$$\frac{\partial L}{\partial C_1} = 4C_2 - \lambda = 0$$

$$\frac{\partial L}{\partial C_2} = 4C_1 - \frac{\lambda}{1+r} = 0$$

$$\frac{\partial L}{\partial \lambda} = \frac{100}{1+r} - C_1 - \frac{C_2}{1+r} = 0$$

첫 두 식으로부터 $\frac{C_2}{C_1} = 1+r$이므로 $C_2 = (1+r)C_1$이다. 이를 세 번째 식에 대입하면 $\frac{100}{1+r} = 2C_1$이 되고, $r=1$이므로 $C_1^* = 25,\ C_2^* = 50$이 된다. 2계조건을 살펴보면 $\mathbf{H} = \begin{bmatrix} 0 & 4 \\ 4 & 0 \end{bmatrix}$이므로 오목함수이다.

15. 소득이 $m = wW$이므로, 노동시간 $W = \frac{m}{w}$으로 정의되므로 효용의 극대화 문제는 다음과 같이 정의된다.

$$U(m,\ \ell) = Am^a\ell^b$$

$$\text{제약조건}\quad \frac{m}{w} + \ell = T_0$$

$U(m,\ \ell)$이 오목함수이고 제약식이 선형함수이므로 1차 필요조건을 충족하는 m과 ℓ을 구하면 된다.

$$L = Am^a\ell^b + \lambda\left(T_0 - \frac{m}{w} - \ell\right)$$

$$\frac{\partial L}{\partial m} = aAm^{a-1}\ell^b - \frac{\lambda}{w} = 0$$

$$\frac{\partial L}{\partial \ell} = bAm^a\ell^{b-1} - \lambda = 0$$

$$awAm^{a-1}\ell^b = bAm^a\ell^{b-1}$$

이를 정리하면 $aw\ell = bm$이고, 제약조건에 이를 반영하면 $\left(\frac{1}{w} + \frac{b}{aw}\right)m = T_0$이다. 따라서 $\left(\frac{a+b}{aw}\right)m = T_0$, 즉 $m = \left(\frac{aw}{a+b}\right)T_0$이고, 같은 방법으로 $\ell = \left(\frac{b}{a+b}\right)T_0$임을 알 수 있다.

16. $f(x) = \frac{Q_1}{2}(2{,}000) + \frac{500}{Q_1}(10{,}000) + \frac{Q_2}{2}(5{,}000) + \frac{800}{Q_2}(50{,}000)$

제약조건 : $\frac{Q_1}{2} + \frac{Q_2}{2} \le 200$(창고용량 제약으로 인한 수식)

$\Rightarrow Q_1 + Q_2 \le 400$

일단 제약조건이 의미가 있는가를 알아보기 위해, 품목 1과 품목 2의 최적 주문량을 구해보기로 하자.

$Q_1^* = \sqrt{\frac{(2)(500)(100{,}000)}{2{,}000}} = 100\sqrt{5} = 223.6$

$Q_2^* = \sqrt{\frac{(2)(800)(50{,}000)}{5{,}000}} = 4\sqrt{1{,}000} = 126.49$

이 두 값을 합해도 $Q_1^* + Q_2^* \fallingdotseq 350$ 정도에 불과하여 제약식 $Q_1 + Q_2 \le 400$을 충족하므로 이 문제의 답은 앞에서 구한 Q_1^*와 Q_2^*가 된다.

17. (a) $L = x^2 + y^2 + z^2 + \lambda(28 + 2x - y + 3z)$

$\frac{\partial L}{\partial x} = 2x + 2\lambda = 0$

$\frac{\partial L}{\partial y} = 2y - \lambda = 0$

$\frac{\partial L}{\partial z} = 2z + 3\lambda = 0$

$\frac{\partial L}{\partial \lambda} = 28 + 2x - y + 3z = 0$

이를 정리하면, $x = -\lambda,\ y = \frac{1}{2}\lambda,\ z = -\frac{3}{2}\lambda$

$2(-\lambda) - \frac{\lambda}{2} + 3\left(-\frac{3}{2}\lambda\right) + 28 = 0$

$\Rightarrow \lambda = 4,\ f(-4,\ 2,\ -6) = 56$

(b) $L(x,\ y,\ z,\ \lambda) = x + y + z + \lambda(1 - x^2 - y^2 - z^2)$

$$\left.\begin{aligned} \frac{\partial L}{\partial x} &= 1 - 2\lambda x = 0 \\ \frac{\partial L}{\partial y} &= 1 - 2\lambda y = 0 \\ \frac{\partial L}{\partial z} &= 1 - 2\lambda z = 0 \end{aligned}\right] \Rightarrow x^* = y^* = z^* = \frac{1}{2\lambda}$$

$$\frac{\partial L}{\partial \lambda} = 1 - x^2 - y^2 - z^2 = 0 \Rightarrow 1 = (3)\left(\frac{1}{2\lambda}\right)^2 \Rightarrow \lambda = \pm\frac{\sqrt{3}}{2}$$

(i) $\lambda = \frac{\sqrt{3}}{2} \Rightarrow x^* = y^* = z^* = \frac{1}{\sqrt{3}}$

$$|\overline{\mathbf{H}}| = \begin{vmatrix} 0 & 2x & 2y & 2z \\ 2x & -2\lambda & 0 & 0 \\ 2y & 0 & -2\lambda & 0 \\ 2z & 0 & 0 & -2\lambda \end{vmatrix}$$

$$|\overline{\mathbf{H}}_2| = -2x[-4x\lambda - 0] + 2y[0 - (-4\lambda y)] = 8x^2\lambda + 8y^2\lambda > 0$$

$$|\overline{\mathbf{H}}_3| = -2x\begin{vmatrix} 2x & 0 & 0 \\ 2y & -2\lambda & 0 \\ 2z & 0 & -2\lambda \end{vmatrix} + 2y\begin{vmatrix} 2x & -2\lambda & 0 \\ 2y & 0 & 0 \\ 2z & 0 & -2\lambda \end{vmatrix} - 2z\begin{vmatrix} 2x & -2\lambda & 0 \\ 2y & 0 & -2\lambda \\ 2z & 0 & 0 \end{vmatrix}$$

$$= -2x[(2x)(4\lambda^2)] + 2y[(2\lambda)(-4\lambda y - 0)]$$

$$= -2z[(2\lambda)(0 + 4\lambda z)] < 0$$

따라서 $f\left(\frac{1}{\sqrt{3}},\ \frac{1}{\sqrt{3}},\ \frac{1}{\sqrt{3}}\right)$은 극댓값이 된다.

(ii) $\lambda = -\frac{\sqrt{3}}{2} \Rightarrow x^* = y^* = z^* = -\frac{1}{\sqrt{3}}$

이 경우 $f\left(-\frac{1}{\sqrt{3}},\ -\frac{1}{\sqrt{3}},\ -\frac{1}{\sqrt{3}}\right)$은 극솟값이다.

(c) $L(x,\ y,\ z,\ \lambda) = x^2 + y^2 + 2z^2 + \lambda(10 - x - y - z)$

$$\frac{\partial L}{\partial x} = 2x - \lambda = 0 \Rightarrow x^* = \frac{\lambda}{2}$$

$$\frac{\partial L}{\partial y} = 2y - \lambda = 0 \Rightarrow y^* = \frac{\lambda}{2}$$

$$\frac{\partial L}{\partial z} = 4z - \lambda = 0 \Rightarrow z^* = \frac{\lambda}{4}$$

$$\frac{\partial L}{\partial \lambda} = 10 - x - y - z = 0 \Rightarrow \frac{\lambda}{2} + \frac{\lambda}{2} + \frac{\lambda}{4} = 10 \Rightarrow \lambda = 8$$

$$\Rightarrow (x^* = y^* = 4,\ z^* = 2)$$

$$|\overline{\mathbf{H}}| = \begin{bmatrix} 0 & 1 & 1 & 1 \\ 1 & 2 & 0 & 0 \\ 1 & 0 & 2 & 0 \\ 1 & 0 & 0 & 4 \end{bmatrix}$$

$|\overline{\mathbf{H}}_2| = -4 < 0$, $|\overline{\mathbf{H}}_3| = -20 < 0$이므로 $f(4,\ 4,\ 2)$가 극솟값임을 알 수 있다. 또한 f가 볼록함수이며 제약조건이 선형이라는 점으로도 $f(4,\ 4,\ 2)$가 극소임을 알 수 있다.

18. $L = 130 + 3x^2 + 5y^2 + \lambda(160 - x - y)$

$$\frac{\partial L}{\partial x} = 6x - \lambda = 0$$

$$\frac{\partial L}{\partial y} = 10y - \lambda = 0$$

$$\frac{\partial L}{\partial \lambda} = 160 - x - y = 0$$

첫 두 식에서 $6x = \lambda = 10y \Rightarrow 6x = 10y$가 나오며 이를 이용하면

$$160 - \frac{10}{6}y - y = 0 \Rightarrow 480 - 5y - 3y = 0$$

$$\Rightarrow y^* = 60 \Rightarrow x^* = 100$$

$$|\overline{\mathbf{H}}| = \begin{vmatrix} 0 & 1 & 1 \\ 1 & 6 & 0 \\ 1 & 0 & 10 \end{vmatrix} = -16 < 0$$

따라서 $(x^* = 100,\ y^* = 60)$은 최적 생산계획이다.

19. 상자의 가로, 세로, 높이를 각각 x, y, z라 할 때 제약조건도 $xyz = 50$이다. 나무소요량은 $xy + 2xz + 2yz$이므로 이 문제를 수식으로 정리하면 다음과 같다.

$$\text{최소화 } f = xy + 2xz + 2yz$$

$$\text{제약조건 : } xyz = 50$$

여기서 최소화를 추구하는 대신 $-f$를 최대화하는 문제로 바꾸어 라그랑지안을 정의해 보면

$$L(x,\ y,\ z,\ \lambda) = -xy - 2xz - 2yz + \lambda(50 - xyz)$$

$$\frac{\partial L}{\partial x} = -y - 2z - \lambda yz$$

$$\frac{\partial L}{\partial y} = -x - 2z - \lambda xz$$

$$\frac{\partial L}{\partial z} = -2x - 2y - \lambda xy$$

이를 모두 종합하면 $x = y$, $x = 2z$가 성립하여 $z^* = \frac{\sqrt[3]{100}}{2}$, $x^* = y^* = \sqrt[3]{100}$이 도출된다.

20. $L = 100 + 3x^2 + 5y^2 + \lambda(80 - x - y)$

$$\frac{\partial L}{\partial x} - 6x - \lambda = 0$$

$$\frac{\partial L}{\partial y} = 10y - \lambda = 0$$

$$\frac{\partial L}{\partial \lambda} = 80 - x - y = 0$$

첫 두 식에서 $6x = \lambda = 10y$임을 알 수 있으므로 이를 세 번째 식에 활용하면 $80 - \frac{5y}{3} - y = 0 \Rightarrow 8y = 240 \Rightarrow y^* = 30$ 그리고 $x^* = \frac{(5)(30)}{3} = 50$이 도출된다.

$$|\overline{\mathbf{H}}| = \begin{vmatrix} 0 & 1 & 1 \\ 1 & 6 & 0 \\ 1 & 0 & 10 \end{vmatrix} = -10 - 6 = -16 < 0$$

따라서 앞에서 구한 $(x^* = 50,\ y^* = 30)$은 최소비용을 나타낼 수 있는 계획대안이다.

21. $L = 100x - 3x^2 + 2xy - 4y^2 - 56 + \lambda(44 - x - y)$

$$\frac{\partial L}{\partial x} = 100 - 6x + 2y - \lambda = 0$$

$$\frac{\partial L}{\partial y} = 2x - 8y - \lambda = 0$$

$$\frac{\partial L}{\partial \lambda} = 44 - x - y = 0$$

첫 두 식을 이용하면 $50 - 4x + 5y = 0$임을 알 수 있으므로 이 결과를 세 번째 식에 활용하면, $(x^* = 30,\ y^* = 14)$가 도출된다.

$$|\overline{\mathbf{H}}| = \begin{vmatrix} 0 & 1 & 1 \\ 1 & -6 & 2 \\ 1 & 2 & -8 \end{vmatrix} = (-1)(-8-2) + (1)(2+6) = 18 > 0$$

따라서 $(x^* = 30,\ y^* = 14)$는 이익을 극대화하는 대안이다.

22. $L(x,\ y,\ \lambda) = xy + \lambda(4 - x - y)$

$$\frac{\partial L}{\partial x} = y - \lambda = 0$$

$$\frac{\partial L}{\partial y} = x - \lambda = 0$$

$$\frac{\partial L}{\partial \lambda} = 4 - x - y = 0$$

$x = y = \lambda$가 성립하므로 $x^* = 2,\ y^* = 2,\ U(2,\ 2) = 4$가 결론으로 도출된다. 유계헤시안을 구해보면

$$|\overline{\mathbf{H}}| = \begin{vmatrix} 0 & 1 & 1 \\ 1 & 0 & 1 \\ 1 & 1 & 0 \end{vmatrix} = (-1)(-1) + 1 = 2 > 0$$

따라서 앞에서 구한 값이 극댓값임을 알 수 있다.

23. $x^* = 4,\ y^* = 24,\ \lambda^* = \dfrac{1}{4}$

24. 우선 $p_x = 180 - 2x$, $p_y = 100 - y$이므로 이를 이용하여 이 기업의 순이익을 함수로 나타내면 다음과 같다.

$$\pi(x,\ y) = (180 - 2x)x + (100 - y)y - x^2 - 2xy - y^2 - 200$$

생산량 제약식이 $x + y = 50$으로 주어져 있으므로, 라그랑지안은 다음과 같이 정의된다.

$$L = 180x - 3x^2 + 100y - 2y^2 - 2xy - 200 + \lambda(50 - x - y)$$

$$\frac{\partial L}{\partial \lambda} = 50 - x - y = 0$$

$$\frac{\partial L}{\partial x} = 180 - 6x - 2y - \lambda = 0$$

$$\frac{\partial L}{\partial y} = 100 - 4y - 2x - \lambda = 0$$

마지막 두 식을 이용하면 $y = 2x - 40$이 나오므로 이를 생산량 제약식에 대입하면 $50 - x - 2x + 40 = 0 \Rightarrow x^* = 30,\ y^* = 20$이 도출된다. 한편 유계헤시안 값은 다음과 같이 0보다 크다는 것을 알 수 있으므로 $(x^* = 30,\ y^* = 20)$은 최적 대안이다.

$$|\overline{\mathbf{H}}| = \begin{vmatrix} 0 & 1 & 1 \\ 1 & -6 & -2 \\ 1 & -2 & -4 \end{vmatrix} = (-1)(-4+2) + (1)(-2+6) = 6$$

25. $$L(x,\ y,\ z,\ \lambda_1,\ \lambda_2) = x^2 + y^2 + z^2 + \lambda_1(30 - x - 2y - z) + \lambda_2(10 - 2x + y + 3z)$$

$$\frac{\partial L}{\partial x} = 2x - \lambda_1 - 2\lambda_2 = 0$$

$$\frac{\partial L}{\partial y} = 2y - 2\lambda_1 + \lambda_2 = 0$$

$$\frac{\partial L}{\partial z} = 2z - \lambda_1 + 3\lambda_2 = 0$$

앞의 두 식을 이용하여 λ_1과 λ_2를 x와 y의 함수로 나타내면 다음과 같다.

$$\lambda_1 - \frac{2}{5}x + \frac{4}{5}y,\quad \lambda_2 = \frac{4}{5}x - \frac{2}{5}y$$

이 결과를 세 번째 식에 활용하면 다음 식이 도출된다.

$$x-y+z=0$$

제약조건으로 주어진 $x+2y+z=30$, $2x-y-3z=10$까지 추가하면, 식이 3개이고 미지의 변수도 3개이므로 연립방정식이 성립한다. 연립방정식을 풀면 $(x^*, y^*, z^*)=(10, 10, 0)$이 도출되며, $\lambda_1^*=12$, $\lambda_2^*=4$임을 알 수 있다.

26. $$L(x_1, x_2, x_3, \lambda)=-\frac{1}{200}x_1^2-\frac{1}{100}x_2^2-\frac{1}{100}x_3^2-x_1-x_2-x_3$$
$$+\lambda_1(150-x_1-x_2-2x_3)+\lambda_2(30-x_1+x_2)$$

여기서 $f(x_1, x_2, x_3)$은 오목함수이며 제약조건은 모두 선형함수이므로 제1차 필요조건을 충족시키는 해만 구하면, 그 해에서 f가 최댓값을 취할 것임을 알 수 있다.

$$\frac{\partial L}{\partial x_1}=-\frac{1}{100}x_1-1-\lambda_1-\lambda_2=0 \Rightarrow x_1^*=(100)(-1-\lambda_1-\lambda_2)$$

$$\frac{\partial L}{\partial x_2}=-\frac{1}{50}x_2-1-\lambda_1+\lambda_2=0 \Rightarrow x_2^*=(50)(-1-\lambda_1+\lambda_2)$$

$$\frac{\partial L}{\partial x_3}=-\frac{1}{50}x_3-1-2\lambda_1=0 \Rightarrow x_3^*=(50)(-1-2\lambda_1)$$

$$\frac{\partial L}{\partial \lambda_1}=150-x_1-x_2-2x_3=0$$

$$\frac{\partial L}{\partial \lambda_2}=30-x_1+x_2=0$$

$$150=(-100-100\lambda_1-100\lambda_2)+(-50-50\lambda_1+50\lambda_2)+(-100-200\lambda_1)$$
$$\Rightarrow 400=-350\lambda_1-50\lambda_2 \quad \cdots\cdots ①$$
$$30=x_1-x_2$$
$$\Rightarrow 30=(-100-100\lambda_1-100\lambda_2)-(-50-50\lambda_1+50\lambda_2)$$
$$\Rightarrow 80=-50\lambda_1-150\lambda_2 \quad \cdots\cdots ②$$

①과 ②를 종합하면 $\lambda_2=-0.16$, $\lambda_1=-1.12$가 되므로 $(x_1^*=28$, $x_2^*=-2$, $x_3^*=62)$임을 알 수 있다.

27. K-T조건을 반영하여 식을 구성하면 다음과 같다.

$L = x_1x_2 + \lambda(80 - 10x_1 - x_2) + \mu(60x_1 + 20x_2 - 1{,}000)$

$\frac{\partial L}{\partial x_1} = x_2^* - 10\lambda^* + 60\mu^* = 0$

$\frac{\partial L}{\partial x_2} = x_1^* - \lambda^* + 20\mu^* = 0$

$\frac{\partial L}{\partial \lambda} = 80 - 10x_1^* - x_2^* = 0$

$\frac{\partial L}{\partial \mu} = 60x_1^* + 20x_2^* - 1{,}000 \geq 0, \ \mu^* \geq 0$

$\mu^*(60x_1^* + 20x_2^* - 1{,}000) = 0$

(a) $\mu^* > 0$일 경우 마지막 두 조건식에서 $x_1^* = 4.29$, $x_2^* = 37.14$가 도출된다. 이를 첫 두 식에 치환하면 $\mu^* = -0.04$가 나오게 되어 $\mu^* > 0$이라는 처음 가정에 반하게 된다. 따라서 $\mu^* = 0$임을 알 수 있다.

(b) $\mu^* = 0$일 경우 첫 세 조건식을 이용하면 $x_1^* = 4$, $x_2^* = 40$이 도출된다.

28. 제시된 목적함수와 제약식을 결합하여 라그랑지함수를 다음과 같이 구성할 수 있다.

$$L = x + \ln(1+y) - \lambda(16x + y - 495)$$

쿤-터커조건을 이용한 최적해는

$$(x^*, \ y^*, \ \lambda^*) = (30, \ 15, \ 1/16)$$

제약식이 16 증가하였고 라그랑지승수의 값이 1/16이므로 목적함수는 1만큼 증가한다.

제13장 적분법

1. (a) $\frac{1}{4}x^4 + C$

(b) $-\frac{1}{3}e^{-3y} + C$

(c) $\frac{3^x}{\ln 3} + C$

(d) $-\frac{\mu^{-6}}{3} + C$

(e) $-2e^{-x} + C$

(f) $p^3 - \frac{1}{2}p^2 + p + C$

(g) $\frac{4}{3}t^{\frac{3}{2}} - 4t^{\frac{1}{2}} + C$

(h) $\frac{5}{7}x^{\frac{7}{5}} - 10x^{-\frac{4}{5}} + C$

(i) $2x^6 - \frac{1}{2}x^4 - \frac{1}{2}x^2 + \ln|x| + C$

(j) $\frac{1}{4}x^4 - x^2 + 3\ln|x| + C$

2. $f'(x) = \frac{x^3}{3} - 5x^2 + x + C_1$이므로 $f'(3) = 9 - 45 + 3 + C_1 = -23 \Rightarrow C_1 = 10$

$f(x) = \frac{x^4}{12} - \frac{5}{3}x^3 + \frac{x^2}{2} + 10x + C_2,\ f(0) = C_2 = -2$

따라서 $f(x) = \frac{x^4}{12} - \frac{5}{3}x^3 + \frac{x^2}{2} + 10x - 2$

3. (a) $C(Q) = \frac{1}{150}Q^3 - Q^2 + 107Q + 2{,}000$

(b) $C(31) - C(30) = 64.61$

$C'(30) = 65$

4. (a) $C(Q) = \frac{1}{30}Q^3 - 2Q^2 + 110Q + C$

$C(30) = 900 - 1{,}800 + 3{,}300 + C = 3{,}000$

$C = 600$

(b) $I(Q) = R(Q) - C(Q)$

$$= 150Q - \frac{Q^2}{2} - \left(\frac{1}{30}Q^3 - 2Q^2 + 110Q + 600\right)$$

(c) $\frac{dI}{dQ} = 150 - Q - \frac{1}{10}Q^2 + 4Q - 110 = 0$

$\Rightarrow (Q-40)(Q+10) = 0 \Rightarrow Q^* = 40$

$\frac{d^2I}{dQ^2} = -1 - \frac{2}{10}Q + 4 = 3 - \frac{Q}{5}$이므로 $Q^* = 40$일 때 $\frac{d^2I}{dQ^2} < 0$이 성립한다. 따라서 $Q^* = 40$일 때 이익이 극대화된다.

5. (a) $u = x^2 - 4$로 놓고 $\frac{du}{dx} = 2x$를 이용하면 부정적분은 $\frac{1}{18}(x^2-4)^9 + C$가 된다.

(b) $u = x^4 + 1 \Rightarrow \frac{du}{dx} = 4x^3$

$$\int 12x^3(x^4+1)^5 dx = \int (12)\left(\frac{1}{4}\right)\frac{du}{dx} \cdot u^5 dx = \int 3 \cdot u^5 du = \frac{1}{2}(x^4+1)^6 + C$$

(c) $u = t^3 - t \Rightarrow \frac{du}{dt} = 3t^2 - 1$

$$\int (t^3 - t)^{-\frac{1}{8}}(6t^2 - 2)dt = \int u^{-\frac{1}{8}}\left(2 \cdot \frac{du}{dt}\right)dt = 2\int u^{-\frac{1}{8}}du = \frac{16}{7}(t^3 - t)^{\frac{7}{8}} + C$$

(d) $-3(6-y)^{\frac{1}{3}} + C$

(e) $u = 3 - 4w \Rightarrow \frac{du}{dw} = -4$

$$\int \frac{2}{3-4w}dw = \int \frac{1}{u}\left[\frac{1}{(-2)} \cdot \frac{du}{dw}\right]du = -\frac{1}{2}\int \frac{1}{u}dw$$

$$= -\frac{1}{2}\ln|3-4w| + C$$

(f) $u = \ln x \Rightarrow \dfrac{du}{dx} = \dfrac{1}{x}$

$$\int \frac{\ln x}{x} dx = \int u \cdot \frac{1}{x} dx = \int u \cdot \frac{du}{dx} \cdot dx = \int u du = \frac{1}{2}(\ln x)^2 + C$$

(g) $u = \ln 2x \Rightarrow \dfrac{du}{dx} = \dfrac{2}{x}$

$$\int \frac{1}{x \ln 2x} dx = \int \left(\frac{1}{2}\right) \cdot \frac{du}{dx} \cdot \frac{1}{u} dx = \int \frac{1}{2u} du = \frac{1}{2} \ln | u | + C$$

$$= \frac{1}{2} \ln | \ln 2x | + C$$

(h) $u = e^{\sqrt{x}} \Rightarrow \dfrac{du}{dx} = e^{\sqrt{x}} \left(\dfrac{1}{2} x^{-\frac{1}{2}}\right) = e^{\sqrt{x}} \left(\dfrac{1}{2} \cdot \dfrac{1}{\sqrt{x}}\right)$

$$\int \frac{e^{\sqrt{x}}}{\sqrt{x}} dx = \int u \cdot \frac{2}{e^{\sqrt{x}}} \cdot \frac{du}{dx} \cdot dx = \int u \cdot \frac{2}{u} \cdot \frac{du}{dx} \cdot dx = \int 2 \cdot du$$

$$= 2e^{\sqrt{x}} + C$$

(i) $u = 4 + e^x \Rightarrow \dfrac{du}{dx} = e^x$

$$\int \frac{e^x}{(4 + e^x)^5} dx = \int \frac{\frac{du}{dx}}{u^5} dx = \int \frac{1}{u^5} du = -\frac{1}{4}(4 + e^x)^{-4} + C$$

(j) $u = e^x + e^{-x} \Rightarrow \dfrac{du}{dx} = e^x - e^{-x}$

$$\int \frac{1}{u} \cdot \frac{du}{dx} \cdot dx = \int \frac{1}{u} du = \ln(e^x + e^{-x}) + C$$

(k) $u = 5 + x \Rightarrow \dfrac{du}{dx} = 1,\ x = u - 5$

$$\int 2(u-5)^2 \cdot u^{\frac{3}{2}} du = \frac{4}{9}(5+x)^{\frac{9}{2}} - \frac{40}{7}(5+x)^{\frac{7}{2}} + 20(5+x)^{\frac{5}{2}} + C$$

(l) $u = \sqrt{x-2} \Rightarrow \dfrac{du}{dx} = \dfrac{1}{2} \cdot \dfrac{1}{\sqrt{x-2}} = \dfrac{1}{2} \cdot \dfrac{1}{u},\ u^2 = x - 2$

$$\frac{2}{7}(x-2)^{\frac{7}{2}} + \frac{8}{5}(x-2)^{\frac{5}{2}} + \frac{10}{3}(x-2)^{\frac{3}{2}} + C$$

(m) $\frac{1}{3}(2p-4)^{\frac{3}{2}}+2(2p-4)^{\frac{1}{2}}+C$

(n) $z=1-x^2 \Rightarrow -2xdx=dz$

$$\int -\frac{1}{2}z^{\frac{1}{2}}dz=-\frac{1}{3}z^{\frac{3}{2}}=-\frac{1}{3}(1-x^2)^{\frac{3}{2}}$$

(o) $z=x-1 \Rightarrow dx=dz$

$$\int \frac{1}{\sqrt{z}}dz=\int z^{-\frac{1}{2}}dz=\sqrt[2]{z}+C=\sqrt[2]{x-1}+C$$

(p) $u=2x^4+5$로 놓으면 $du=8x^3dx$가 성립한다.

$$\int x^3(2x^4+5)^5dx=\int(2x^4+5)^5\left(\frac{8}{8}\right)x^3dx=\frac{1}{8}\int(2x^4+5)^5 8x^3dx$$

$$=\frac{1}{8}\int u^5du=\frac{1}{8}\cdot\frac{u^6}{6}+C=\frac{(2x^4+5)^6}{48}+C$$

(q) 여기서 $u=e^{-x}+3$으로 놓으면 $du=-e^{-x}dx$가 성립한다.

$$\int \frac{e^{-x}}{e^{-x}+3}dx=\int\frac{1}{e^{-x}+3}\left(\frac{-1}{-1}\right)e^{-x}dx=-\int\frac{1}{u}du=-\ln|u|+C$$

$$=-\ln|e^{-x}+3|+C=-\ln(e^{-x}+3)+C$$

(r) 여기서 $u=e^x+2$로 놓으면 $du=e^x dx$가 성립한다.

$$\int \frac{e^x}{(e^x+2)^2}dx=\int(e^x+2)^{-2}e^x dx=\int u^{-2}du\,dx=\frac{u^{-1}}{-1}+C$$

$$=-(e^x+2)^{-1}+C=\frac{-1}{(e^x+2)}+C$$

6. (a) $\int xe^{x^2}dx=\frac{1}{2}\int e^{x^2}(2x)dx=\frac{1}{2}\int e^u du\,(u=x^2)=\frac{1}{2}e^u+C=\frac{1}{2}e^{x^2}+C$

(b) $\frac{2}{3}x(x+1)^{\frac{3}{2}}-\frac{4}{15}(x+1)^{\frac{5}{2}}+C$

(c) $\frac{1}{9}(3x-1)e^{3x}+C$

(d) $f(x) = 6x + 1,\ g'(x) = e^{3x}$

$$f(x) \cdot g(x) - \int g(x) \cdot f'(x)dx = (6x+1)\frac{e^{3x}}{3} - \int \left(\frac{e^{3x}}{3}\right)(6)dx + C$$

$$= \frac{(6x-1)e^{3x}}{3} + C$$

(e) $\ln x = f(x),\ g'(x) = x^3$

$$\ln x \cdot \frac{x^4}{4} - \int \frac{x^4}{4} \cdot \frac{1}{x}dx + C = \frac{x^4}{16}(4\ln x - 1) + C$$

(f) $\ln u = f(x),\ g'(x) = (u-2)^2$

$$(\ln u) \cdot \frac{(u-2)^3}{3} - \int \frac{(u-2)^3}{3} \cdot \frac{1}{u}du + C$$

$$= \frac{(u-2)^3 \ln u}{3} - \frac{1}{9}u^3 + u^2 - 4u + \frac{8}{3}\ln u + C$$

(g) $(\ln x)^2 = f(x),\ g'(x) = 2x^3$

$$(\ln x)^2\left(\frac{2}{4}x^4\right) - \int \left(\frac{2}{4}x^4\right)(2\ln x) \cdot \frac{1}{x}dx + C = (\ln x)^2\frac{x^4}{2} - \frac{x^4}{4}(\ln x) + \frac{x^4}{16} + C$$

(h) $f(x) = x,\ g'(x) = e^{2x+1}$

$$\int xe^{2x+1}dx = \frac{x \cdot e^{2x+1}}{2} - \int \frac{e^{2x+1}}{2}(1)dx = \frac{xe^{2x+1}}{2} - \frac{e^{2x+1}}{4} + C$$

(i) $f(x) = x^2,\ g'(x) = e^{2x+1}$

$$\int x^2e^{2x+1}dx = \frac{x^2e^{2x+1}}{2} - \int \frac{e^{2x+1}}{2}(2x)dx = \frac{x^2e^{2x+1}}{2} - \int xe^{2x+1}dx$$

$$= \frac{x^2e^{2x+1}}{2} - \frac{xe^{2x+1}}{2} + \frac{e^{2x+1}}{4} + C$$

(j) $f(x) = \ln x,\ g'(x) = \dfrac{1}{\sqrt{x}}$

$$\int \frac{\ln x}{\sqrt{x}}dx = (\ln x)(2\sqrt{x}) - \int (2x^{\frac{1}{2}})\left(\frac{1}{x}\right)dx = 2\sqrt{x}\,(\ln x - 2) + C$$

7. $\displaystyle\int_0^1 x^2dx + \int_1^3 xdx = \frac{1}{3} + \left(\frac{9}{2} - \frac{1}{2}\right) = \frac{13}{3}$

8. (a) $2\ln u + \left.\frac{u^2}{4}\right|_1^5 = 2\ln 5 + \frac{25}{4} - \frac{1}{4} = 6 + 2\ln 5$

(b) 195 (c) $2(e^4 - e)$ (d) $e - e^{-1}$

9. (a) $\frac{256}{3}$ (b) $\frac{3}{2}$ (c) $\frac{1}{2}(\ln 3)^2$ (d) 2

10. (a) $\frac{1}{4}(1 - 5e^{-4})$

(b) $\frac{16}{3}(\ln 4) - \frac{28}{9}$

(c) $u = x^2,\ v' = e^x$로 설정해 놓으면

$$x^2e^x\Big|_0^2 - 2\int_0^2 xe^x dx = x^2e^x\Big|_0^2 - 2\left[xe^x\Big|_0^2 - \int_0^2 e^x dx\right] = 2e^2 - 2$$

(d) $\int_0^1 6xe^{x^2}dx = 3\int_0^1 2xe^{x^2}dx = 3e^{x^2}\Big|_0^1 = 3e - 3$

11. $$\int_{30}^{35} C'(Q)d(Q) = \int_{30}^{35}\left(50 + \frac{630}{Q^2}\right)dQ = 50Q - \frac{630}{Q}\Big|_{30}^{35}$$
$$= (1{,}750 - 18) - (1{,}500 - 21) = 253$$

12. $$\int_{2031-2016}^{2036-2016}(200 + 50t)dt = 200t + 25t^2\Big|_{15}^{20} = 14{,}000 - 8{,}625 = 5{,}375$$

13. (a) 한계수입함수는 Q에 관계없이 55만원이다.

(b) $I(Q) = 55Q - C(Q)$에서 $\frac{dI}{dQ} = 0$인 $Q^* = 10$ or $Q^* = 40$이다.

$Q^* = 40$일 때 $\frac{d^2I}{dQ^2} < 0$이므로, 이익을 최대화하는 Q값은 $Q^* = 40$일 때이다.

14. $I(t) = R(t) - 20t = \int_0^t \frac{100}{\sqrt{t+2}} dt - 20t \;= 200\sqrt{t+2}\Big|_0^t - 20t$

$= 200\sqrt{t+2}\Big|_0^t - 20t = 200\sqrt{t+2} - 20t - 200\sqrt{2}$

$I(34) = 1{,}200 - 680 - 283 = 237$

15. (a) $S'(t) = 4e^{-0.08t},\ 0 \le t \le 24$

$S(t) = \int 4e^{-0.08t}\, dt = -50e^{-0.08t} + C$

$S(0) = 0$이므로

$$0 = -50e^{-0.08t} + C = -50 + C$$

따라서 $C = 50,\ S(t) = 50(1 - e^{-0.08t})$이다.

(b) $S(12) = 50(1 - e^{-0.08(12)}) \approx 31$

(c) $40 = 50(1 - e^{-0.08t})$를 풀면

$0.8 = 1 - e^{-0.08t}$

$e^{-0.08t} = 0.2$

$-0.08t = \ln(0.2)$에서 $t \fallingdotseq 20$개월

16. $\frac{dP}{dt} = 0.0107P,\ P(0) = 116$ (단위 : 천명)

따라서 $P(t) = 116e^{0.0107t}$

$116e^{0.0107(t)} = 232$

$e^{0.0107t} = 2 \qquad \Rightarrow t \fallingdotseq 65$

5년이 걸려야 인구가 2배가 될 것이다.

17. (a) $\int_0^y De^{-rt} dt = -\frac{D}{r}e^{-rt}\Big|_0^y = -\frac{D}{r}(e^{-ry} - 1)$

(b) $-\frac{1{,}000}{0.1}(e^{-(0.1)(10)} - 1) = 10{,}000\left(1 - \frac{1}{e}\right) = 6{,}321.2$

18. (a) $\int_0^3 (8L - L^2 + 20)dL = 4L^2 - \frac{L^3}{3} + 20L \Big|_0^3 = 36 - 9 + 60 = 87$

(b) $MP = 0$에서 생산량이 극대화되므로 $8L - L^2 + 20 = 0$에서 $L^* = 10$명이 도출된다.

19. $N'(t) = 7e^{-0.1t}$, $N(0) = 25$

$$N(t) = \int 7e^{-0.1t}\,dt = 7\int e^{-0.1t}\,dt = \left(\frac{7}{-0.1}\right)\int e^{-0.1t}(-0.1)\,dt$$

$$= -70e^{-0.1t} + C$$

$N(0) = 25$에서, $25 = -70 + C$가 도출되므로 $C = 95$임을 알 수 있다.

$N(t) = 95 - 70e^{-0.1t}$가 답으로 도출된다.

20. $15q\sqrt{q^2+225} = 3q(q^2+225)^{\frac{3}{4}}$을 풀면 $q^* = 20$이 도출된다.

$$TC(q) = \int 15q\sqrt{q^2+225}\,dq = \int 15q(q^2+225)^{\frac{1}{2}}dq = \frac{15}{2}\int 2q(q^2+225)^{\frac{1}{2}}dq$$

$$= \left(\frac{15}{2}\right)\left(\frac{2}{3}\right)(q^2+225)^{\frac{3}{2}} + C = 5(q^2+225)^{\frac{3}{2}} + C$$

$TC(0) = 20{,}000 = (5)(225)^{\frac{3}{2}} + C$이므로, $C = 3{,}125$가 도출된다. 따라서 $q = 20$에서 총비용을 계산하면, 다음과 같다.

$$TC(20) = (5)(20^2+225)^{\frac{3}{2}} + 3{,}125 = 81{,}250$$

21. $x(t) = K - \int_0^t \bar{\mu}e^{-as}\,ds$

$$= K - \bar{\mu}(1 - e^{-at})/a$$

t가 무한대로 접근하면 $x(t)$는 $K - \bar{\mu}/a$에 접근한다. 따라서 $K \geq \bar{\mu}/a$가 성립한다면 이 온천은 절대 고갈되지 않을 것이다.

22. (a) $\lim_{m\to\infty}\left(-\frac{x^{-3}}{3}\right)-\left(-\frac{1}{3}\right)=\frac{1}{3}$

(b) $-x^{-1}\Big|_{\infty}^{-2}=\frac{1}{2}-(-1)(0)=\frac{1}{2}$

(c) 2

(d) $u=\ln x,\ \frac{du}{dx}=\frac{1}{x}$

$$\int_2^{\infty}\frac{1}{(x)(\ln x)^2}dx=\int_2^{\infty}\frac{du}{dx}\cdot\frac{1}{u^2}dx=\int_{\ln 2}^{\infty}\frac{1}{u^2}du=-\frac{1}{u}\Big|_{\ln 2}^{\infty}=\frac{1}{\ln 2}$$

(e) $\int_8^{\infty}x^{-\frac{4}{3}}dx=-3x^{-\frac{1}{3}}\Big|_8^{\infty}=(3)8^{-\frac{1}{3}}=\frac{3}{2}$

(f) $\int_2^4(x^3-2x)dx=\left(\frac{x^4}{4}-x^2\right)\Big|_2^4=(64-16)-(4-4)=48$